曾乃梁1994年担任第12届亚运会中国武术队主教练

1993年曾老师和他的恩师、著名武术家张文广等在首届东亚运动会上

1991年曾老师任首届世界武术锦标赛中国队领队时率队进场

2013年武林泰斗蔡龙云教授向曾老师颁发"最具武术影响力人物"奖杯后合影

2013年曾老师在中国武文化泰山高峰论坛上做讲演

1994年曾老师作为第12届亚运会中国武术队主教练与队员合影

1994年在备战广岛亚运会时指导爱徒、世锦赛金牌运动员高佳敏和王二平

1983年拍摄武打电影《木棉袈裟》时指导爱徒、世界太极拳冠军陈思坦

曾老师指导爱徒、世锦赛枪术冠军魏丹彤

曾老师与爱徒、国际大赛冠军林秋萍合影

1980年曾老师指导爱徒、国际大赛南拳冠军吴秋花

曾老师指导爱徒、亚洲女子太极拳冠军彭荔丽

曾老师和妻子卫香莲副教授与南美洲弟子习武照

曾老师指导爱女曾卫红演练"太极双珠"

中国武术七段曾卫红老师演练华武双珠的英姿

曾老师的长女卫红（5岁）和次女卫斌（2岁）的习武照

2012年4月曾老师应邀到联合国总部做太极拳讲演

联合国有关组织为曾老师颁发的感谢状

在联合国总部讲演后的部分报道

《星岛周刊》发表的文章

曾老师指导盛天集团董事长林炳东、林天英夫妇对剑

1977年曾老师在基层选拔运动员时做示范

2009年曾老师在俄罗斯辅导太极拳爱好者

2012年,曾老师夫妇与梁志光为会长的美国太极拳学会会员合影

曾老师获得的部分证书、奖杯、奖牌

曾老师在阿根廷讲学期间在大冰川前留影

曾老师在首届中俄太极拳邀请赛上为拳友题词

曾老师与爱徒、世界太极拳冠军陈思坦为拳友演示太极拳对练

曾老师指导爱徒、世锦赛冠军高佳敏

曾老师同台湾太极武术学院院长李佩懿在台湾太极雕塑公园习练太极拳对练

太极拳入门三篇

识拳·练拳·用拳

曾乃梁　曾卫红　著

人民体育出版社

曾乃梁简介

曾乃梁，男，1941年11月29日出生，福建省福州市人，中共党员。享受国务院特殊津贴的优秀专家，多次获得国家体育运动荣誉奖章。武术国家级教练（正高级），当代中国十大武术教练之一，中国武术九段。曾任福建省武术队主教练、国家武术队主教练。

曾先生亲自培养全国武术比赛冠军以上者130多人次，其中有享誉海内外的世界及亚运太极拳冠军"太极女神"高佳敏、"太极王子"陈思坦、"女子枪王"魏丹彤以及"太极之花"林秋萍；还有亚运会及亚洲和国际大赛冠军王慧玲、吴贤举、彭荔丽及吴秋花等，被誉为"冠军之师"。还培养出国家级武术教练、中国武协教练委员会副主任、福建武管中心主任戴林彬这样的领军人物。

在武术学术上也建树颇丰，著有《走进太极拳》《新编太极拳对练》《太极拳入门与功法》等书籍，其中与武术副教授卫香莲合编的《六手太极功》被翻译成日语版和英语版，在海内外广为传播。曾先生还创编了颈椎功、拉筋拍打功、心脏保健功、华武太极扇（2套）、华武太极杆（2套）、华武剑、华武双珠、华武16式拳以及太极拳对练（3套）等太极拳系列，并由陈思坦、高佳敏和武术七段曾卫红做示范，拍摄并出版太极DVD教学片，获得了拳友的广泛好评。还多次应邀参加世界太极健康大会、中国东盟十国武术节以及中国武文化泰山高峰等论坛并做讲演。

曾多次作为名家应邀参加"中华武术名家大讲堂"教学活动，并赴日本、美国、加拿大、俄罗斯、阿根廷、韩国、菲律宾、新加坡、马来西亚、印度尼西亚及中国香港、台湾等地讲学。2012年4月应邀赴纽约联合国总部，为60多名各国外交官讲授太极拳，受到广泛的赞誉，联合国有关部门特授予感谢状。

1993年11月被大韩武术协会授予"功劳牌"；1996年7月获"世界太极科技贡献奖"并授予奖杯；2004年10被加拿大武术团体联合总会授予"武术家终身成就奖"并授予奖牌；2013年1月在中国被评为"30年最具武术影响力人物"，并授予奖杯。还荣获"福建省五一奖章"，"福建省劳动模范"和"福建省优秀专家"等称号。

曾卫红简介

曾卫红，女，1970年3月出生，福州市人。国家级社会体育指导员、中国武术七段、一级健身气功裁判、三级公共营养师、华武中心准特级教练。现任福建体育职业技术学院教师，还担任福建华武功夫中心副主任兼秘书长、福州市健身气功协会会长。

毕业于日本鸟取大学，获硕士学位。擅长太极拳、剑、扇、对练及健身功法。与曾乃梁老师共同创编"拉筋拍打12法""太极暖身功""颈椎保健功"等，并为太极拳、功法及"华武太极扇""华武太极剑""华武双珠""华武太极杆"及"太极拳对练"等教学DVD片做示范，受到国内外专家和友人的好评。能运用中医的原理阐述太极拳及健身功法的作用与功效。近年来翻译出版日语版太极拳书籍，还在《体育科学研究》和《哈尔滨体育学院学报》等CN级刊物上发表"关于高职院校太极拳课程评分指标体系的思考""高职太极拳实践教学改革的若干思考"和"南北少林武术同宗异派论"等多篇论文。

近年来还多次应国家体育总局健身气功中心派遣，赴加拿大、德国、葡萄牙、澳大利亚、新西兰等国讲学，博得广泛好评，为此获得国家体育总局健身气功中心颁发的"2011年对外教学贡献奖"。2013年获得中华全国归国华侨联合会和国家院侨务办公室颁发的"全国归侨侨眷先进个人"荣誉称号和证书；获利由国家体育总局颁发的"2009—2012年度全国群众体育先进个人"的荣誉称号和证书；还获得福建省委组织部和公务员局颁发的"福建省优秀留学回国人员"称号。

序

——为《太极拳入门三篇》点赞

中国武术协会副主席
福建省体育局局长

曾乃梁教练和他的女儿曾卫红多次请我为他们的新书《太极拳入门三篇》作序，因为自己觉得对太极拳了解不深，不敢贸然应允。但感其诚意，盛情难却，便欣然提笔。

提起曾教练，我和他算是老相识。1977年他调到我省创建省武术队，那时的他还是风华正茂的小伙子，我则是排球队的年轻队员。因为武术队没有训练场地，我们见他带领队员扛着地毯到处"打游击"。就是在这样艰苦的条件下，曾教练辛勤耕耘，硬是带出100多人次的全国冠军、亚运会和世界冠军，在各项大赛中30多次升起鲜艳的五星红旗，培养出享誉海内外的"太极女神"高佳敏、"太极王子"陈思坦、"女子枪王"魏丹彤、"太极之花"林秋萍以及亚运会、亚洲南拳冠军王慧玲、吴贤举、吴秋花等，还培养出国家级武术教练、省武管中心主任、现我省武术界的领军人物戴林彬等。我省的竞技武术从此也从全国倒数第一，一跃跻身全国先进行列。为此，曾教练获得了国务院颁发的"有突出贡献专家"的称号，多次获国家体育运动奖章，还被评为"中国当代十大武术教练",获得"世界太极科技贡献奖"、省五一奖章、省劳动模范、省优秀专家等称号。同时,他还潜心钻研,在《中华武术》《武林》等杂志上发表多篇有分量的论文;在人民体育出版社与香港万里书店联合出版的《中国武术精华》一书中发表了介绍训练太极冠军经验的文章;在全国首届武术学术研讨会上提交的论文获大会优秀奖。为此他被评为首批中国国家级武术教练。在众多的荣誉面前,曾教练仍然保持着谦虚待人的一贯作风,我在担任省体工大队长期间,还跟着他练过几手太极拳。

更难能可贵的是,曾教练退居二线后,仍然热心于武术特别是太极拳的推广与普及,热心于全民健身事业。他与老伴、武术高级讲师、中国武术七段卫香莲及女儿、福建体育技术职业学院讲师、中国武术七段曾卫红一起组建福建华武功夫中心,现有会员近两千名,努力为国民的健康提供服务。根据开展社会武术的需要,他们还创编了六手太极功、颈椎功、拉筋拍打功、华武太极扇、华武太极杆、华武剑、华武双珠及三套太极对练等,拍摄了《太极拳大系》《中华太极谱》《曾乃梁太极系列》等数十碟太极拳DVD,受到广大拳友一致赞誉和欢迎。曾教练还编著出版了《走进太极拳》《新编太极拳对练》《太极拳入门与功法》等书籍,许多专著还被译为日语、英语和西班牙语,在国外推广。他还多次应邀到美国、俄罗斯、阿根廷、日本、加拿大、新加坡、菲律宾、韩国、印尼、马来西亚、中国香港、台湾、澳门等十多个国家和地区讲学,传播国学。为此,曾教练还获得大韩民国武术协会颁发的"功劳牌";被加拿大国术总会授予"武术家终身成

序

就奖"称号。我们见到他老伴时，卫老师说："老曾退休后比上班时更忙了，总是有许多干不完的事，连我和女儿都搭上一块儿干了。"

讲到曾卫红教师，她从3岁起就跟着父亲"抱球""野马分鬃"，后留学日本，获得硕士学位，再回到福建，现为省体育职业技术学院讲师。她除了传播太极拳之外，还推广健身气功，她不仅动作优美，思路敏捷，而且讲解清晰，教学得法，经常被国家健身气功中心派往澳大利亚、加拿大、德国、葡萄牙等国讲学，为此获得了国家体育总局健身气功中心颁发的"对外教学贡献奖"，还先后被国家体育总局评为2009—2012年度群众体育先进个人；被评为全国归侨侨眷先进个人；福建省优秀留学回国人员等，真可谓后起之秀。

他们父女合作写作的这部《太极拳入门三篇》，我由于政务繁忙，没能细读，但我粗读之后，感到这本书颇有新意。首先，"新"就是它的鲜明特点。书中提出"太极拳是提升生命质量最好的运动""太极拳是挑战三大杀手的有效武器"，提出"太极拳是科学的、终身的和中西合璧的运动"。又譬如，他们把习练太极拳的总要求概括为"三个调""三兼修""三合一"和"三和谐"，将人与自然和谐的哲学观、人与人之间和谐的伦理观，以及人体上下、内外和谐的养生观融为一体。他们指出："乌龟慢但寿命长，太极拳这种'慢'也恰恰是对'快'节奏生活的合理调节，利于健康长寿。"他们还提出"太极状态"的新观点，提出"太极态"就是阴阳完美和谐的状态，是生理与心理的完美状态，是个体与社会的完美状态。这些新的提法，将古老的太极

太极拳入门三篇

拳与现代的科学理念高度融合，富有时代感，将太极拳的健身价值提升到新的高度。再譬如他们提出打造"年轻版"的太极拳，以吸引年轻人加入太极拳这个行列。在太极拳基础练习中，加进发劲、刚性的动作，更好地体现太极拳"柔中寓刚"中"刚"的一面，从而更适合年轻人的口味。

这本书的第二个特点就是"实"。在总结太极拳教学训练的经验中，提出"习练太极拳的四部曲"。在太极拳攻防特点中，他们概括了"三以"和"三见"，即"以圆破直，以变制随，以柔克刚"和"见力化力，见力借力，见力打力"。在实际教学中创造了"揉手""喂手"等行之有效的方法，颇具实用性。在图解24式太极拳中，将24式里每一式、每一招的攻防含义讲解得一清二楚，这样使拳友们练起来就能带着攻防意识，能练出"太极味"，避免出现光比划拳架而练成太极操。

曾教练父女在太极拳理论和实践中的创新和实效性，正是他们数十年对太极拳孜孜不倦的追求与研究经验的结晶，凝聚了他们的武术情结，体现了他们的敬业精神、进取精神与奉献精神，这些都让人十分感动。

体育事业从根本上讲就是为了增强千千万万民众的体质，就需要一大批既富有专业知识和经验，又有服务精神、敬业奉献精神的体育工作者。就武术事业而言，就需要既有善于学习和继承传统，又不固步自封、善于创新的人才，这样才能更好地弘扬国粹，使之发扬光大。我们确实需要许许多多像曾教练父女这样的人才。

几经修纂，曾教练父女这本《太极拳入门三篇》终于与读者

序

见面了，相信它一定能够吸引更多的海内外人士跨进太极拳的殿堂，使祖国的这颗民族文化的珍珠放射出更加耀眼的光芒。

听说曾教练很崇尚曾国藩的那句名言"花未全开月未圆"，花未全开表明是有一种不饱满的状态，仍有上升的趋势；月未圆表明人们渴望它全圆。在这里，我们也期盼曾教练父女在追寻太极梦中，不断地有太极拳新作问世，以满足广大拳友的需求，并丰富太极拳的宝库，让我们把许许多多的梦想都融入振兴中华民族的中国梦中来。我想，这也许正是我写这篇序的初衷吧。

2014年3月于福州

徐正国，现任福建省体育局局长、福建省体育总会主席、中国奥委会委员、中华体育总会委员、中国武术协会副主席、中国排球协会副主席、中国高尔夫协会副主席。曾留学美国，获硕士学位。被国家体育总局、中国奥委会评为"2008年北京奥运会突出贡献个人"，被中国奥委会授予"2012年伦敦奥运会铜质奖章"。

目 录

识 拳

第一节　"太极"与太极拳 …………………………………………（2）
第二节　太极拳是科学的、终身的和中西合璧的运动 ……（4）
第三节　太极拳的运动形式及主要特点 …………………………（6）
　　一、太极拳的运动形式 ………………………………………（6）
　　二、太极拳的运动特点 ………………………………………（7）

练 拳

第一节　太极拳的基础练习 ………………………………………（12）
　　一、下盘练习 …………………………………………………（13）
　　二、上盘练习 …………………………………………………（25）
　　三、发劲练习 …………………………………………………（32）
　　四、组合练习 …………………………………………………（43）
　　五、基础练习的注意事项 ……………………………………（53）
第二节　24式太极拳 ………………………………………………（56）
　　一、24式太极拳简介 …………………………………………（56）
　　二、24式太极拳动作名称 ……………………………………（57）
　　三、24式太极拳图解与提示 …………………………………（58）
第三节　习练太极拳的四部曲 ……………………………………（156）
　　一、塑形 ………………………………………………………（156）

二、重劲 …………………………………………………… (157)
三、求意 …………………………………………………… (157)
四、雕风 …………………………………………………… (158)

用 拳

第一节 太极拳是提升生命质量最好的运动 ………………… (162)
　　一、"体松""心静""用意"使太极拳成为挑战
　　　　"三大杀手"的有效武器 ……………………………… (162)
　　二、"腰为中轴"和"虚实含展",利于改善经络循环
　　　　…………………………………………………………… (164)
　　三、以意导气,气沉丹田,调节三大系统功能 ………… (165)
　　四、桩功及单腿支撑,提高平衡能力 …………………… (166)
　　五、"意守""气敛""神舒",太极拳能促进心理
　　　　健康 …………………………………………………… (167)
第二节 太极拳在功防技击上的特点与范例 ………………… (168)
　　一、太极拳在攻防技击上的特点 ………………………… (168)
　　二、怎么能够体验到"粘连黏随,不丢不顶"呢? …… (171)
　　三、太极拳在攻防技击中的范例 ………………………… (174)
第三节 预防膝关节疼痛七招 ………………………………… (177)
　　一、打套路前,要做充分的热身运动 …………………… (178)
　　二、动作要正确、规范 …………………………………… (178)
　　三、套与套练习之间一定要放松一下 …………………… (179)
　　四、练习完毕要做整理活动 ……………………………… (179)
　　五、负荷量需循序渐进,因人而异 ……………………… (180)
　　六、常练桩功,增强膝关节周边肌肉和韧带的力量 … (180)
　　七、沐浴后放松按摩 ……………………………………… (181)

目 录

附篇　名家答疑

一、如何看待传统武术与新创套路之间的关系？……(183)

二、如何理解太极拳的掤劲？……………………(186)

三、太极拳的"捋"和"采"有什么区别？…………(189)

四、如何做到下盘稳固？…………………………(192)

五、如何理解"运劲如抽丝"？……………………(196)

六、"引进落空"的理论和实践……………………(198)

七、如何把握太极拳手和腰的关系？……………(202)

八、"音乐和太极拳"有关系吗？…………………(205)

九、如何做到"动中有静，静中有动"？…………(207)

后记 ……………………………………………………(210)

识 拳

第一节 "太极"与太极拳

在古汉语中,"太"者大也,"太"有最大、最高之意;"极"者至也,"极"是最远、最后的界线。

"太极"一词最早出现在三千多年前相传为周文王著的《周易》一书中。书中认为"太极"是一切变化的起点,是派生万物的本源。宋代理学家朱熹指出:"总天地万物之理便是太极。"这是从广义上理解太极的含义。

太极阴阳学说在我国哲学、兵学、伦理学、力学、美学、生理学、医学及养生学中都占有重要的地位,但用它命名一种拳法,则是三百多年前的事。

清朝乾隆年间(18世纪后期),民间武术家王宗岳写了篇著名文章《太极拳论》,开篇就说到:"太极者,无极而生,动静之机,阴阳之母也。"从此"太极拳"这一名称才正式确定并被沿用下来。

太极拳这一运动形式充分地表达和诠释了"太极"的深刻内涵。

阴阳鱼表示太极，表示圆，表示宇宙无穷无尽。两者相互作用、相互制约、相互依存、相互转化，保持动态平衡。

太极拳充满了哲学中的对立统一规律。比如说有些动作是相辅相成的，如挤、捋的动作等，这是双手同向的动作。"挤"时，双手同向向前用力，而身体向后对撑，形成合力，这就是俗语所说"前去之力，必有后撑"。这里也有"相反相成"的理念。还有一种动作则是劲力相反的，也叫相反相成，如右野马分鬃（上手向右上方，下手向左下方用力）、闪通背（一手前推、一手后撑）和白鹤亮翅（一手上领、一手下按）等等，都有对拉拔长的劲道。此外，太极拳在身法上虚实含展的变化，也都充分体现了阴阳之间的相互变化、相互依存和相互转换的原理。

习练太极拳，在一定意义上说就是练阴阳平衡。阴阳平衡了，人就健康，就有精神；若阴阳失衡，人就会患病、早衰，甚至死亡，所以说人体阴阳平衡是生命活力的根本。

第二节 太极拳是科学的、终身的和中西合璧的运动

太极拳既符合"动中寓静,天人合一"的东方健身哲理,又符合西方运动医学的最新理念。美国华盛顿大学的研究报告指出:"有益于健康的运动是灵活、轻松、强度小、耗能低、持续久的运动。"太极拳是温和的有氧运动,是通畅的经络运动,符合唐代大医学家孙思邈关于"体欲常劳,劳勿过极"的养生原则,练习太极拳年龄可以从3岁到107岁,年龄跨度超过一个世纪。试问还有哪一项运动有这么大的年龄跨度?因此说太极拳是终身的运动。

随着时代的发展和科学的进步,人类的劳动由重体力劳动型向重脑力型劳动方式转变,高科技、高竞争带来高精神压力,易引发现代文明病,直接威胁人们的健康。而太极拳这种温和、缓慢、圆

活、连贯的运动,这种似行云流水、春蚕吐丝的动静相兼的养生休闲运动,是对快节奏紧张型劳动很好的调节,太极拳这种的"慢"恰恰是对"快"节奏工作的合理调节。从仿生学角度看,乌龟动作很慢,但寿命很长。科学家研究发现,新陈代谢缓慢就能放慢衰老的进程,也就是衰老的速度慢是与他们能量消耗速度慢相匹配的;所以,养生也要学会"节能"。有人把生命比喻成一盏点燃的油灯,不能一味任其燃烧。爱护生命之灯,应该需要"节能",中老年人适当地慢练太极拳,提倡"三慢":慢餐饮,慢生活,慢运动,这样就能有效地节约生命能量,就能延年益寿。养生专家杨力教授说"快人不长命,慢活好养生",是很有道理的。近年来,屡屡发生的优秀人才英年早逝的痛心事件,都跟工作生活节奏过快、身心过劳有关。正确的做法应该是"文武之道,一张一弛",该快时则快,该慢时则慢。但从健身养生角度看,我们提倡打太极拳应适当的慢练,还要做到慢而不散,慢而不断劲。当然打太极拳也不是越慢越好,要逐步做到在适当的慢动作中品味太极的韵味与意境,做到静中慢练悟太极,这样才能越练越有味道,越练越健康。另外,太极拳在"静"中也有"动",叫做"静中寓动",也是对坐班族安静型

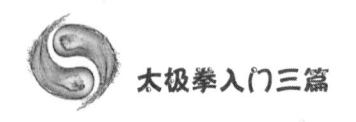

劳动的调节，还是排除心理垃圾、减负减压的好手段。

2010年8月美国国家健康研究所发表文章赞扬"太极拳完美无缺"，美科学家表示，太极拳"几乎没有缺点，没有任何副作用，大范围推广有益无害"。

打太极拳要做到"三个调"——调身、调心、调息；

注重"三兼修"——动静兼修、内外兼修和性命兼修；

达到"三合一"——内外合一、形神合一和天人合一；

实现"三和谐"——人与自然和谐的哲学观，人与人之间和谐的伦理观以及人体上下，内外之间和谐的养生观。

总而言之，练习太极拳就是要达到阴阳完全和谐的太极状态，使我们的身心和谐健康。

第三节　太极拳的运动形式及主要特点

一、太极拳的运动形式

太极拳运动包括功法、套路及推手对练三种形式。

功法练习，也可以称之为基础练习，包括各种基本功、基本动作的操练。该功法有助于提高太极拳的基本技能，如练习下盘的"桩功"，上盘练习及组合练习等，当然也

包括由几节动作组成的太极功法，如"太极养生功十三势""六手太极功"等。

套路练习，是目前太极拳主要的运动形式，以单练为主。套路是由一定数量动作按固定程序衔接组成，包括起势、收势在内的一种运动形式。这里首先是徒手练习，也有器械套路，主要有太极剑、太极刀、太极枪、太极杆、太极扇，还有近年来出现的太极球、太极双珠等。单练形式的多样性，也不断地吸引着有不同爱好的拳友练习。

推手对练练习，是两人按照粘连黏随、不丢不顶的原则进行的徒手练习，提高借力化力、以柔克刚的攻防技巧，包括单推手、双推手、定步推手、活步推手和大捋等多种形式。推手对练套路也是按固定程序编排而成的运动形式，近年来不仅用于表演，而且也列为竞赛项目。经常练习推手对练，可以有效地训练听劲、化劲和发劲，借以提高皮肤触觉灵敏度，提高身体平衡的能力。

二、太极拳的运动特点

太极拳的运动特点是柔和缓慢、圆活连贯、自然轻灵、意动势随。练拳时，要体松、心静、用意，把柔美的形体、和顺的劲道、流畅的呼吸以及独到的韵味、神采紧密地融为一体，形成内外合一、形神兼备、高度和谐统一的特色。

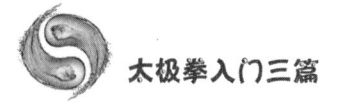

太极拳的技术流派主要有杨式、陈式、吴式、孙式、武式及新式（或称综合式，主指新中国成立后创编的24式拳、32式剑、42式拳、剑等套路）六大流派。应该指出的是，新式（或称综合式）太极拳是在综合各式太极拳的优点而加以融会贯通的，是在继承传统的基础上加以大胆的创新，使太极拳更好地符合当今社会的要求，符合时代的要求，是与时俱进的产物，因此深受各国太极拳爱好者的喜爱。还应该指出的是，杨、陈、吴、孙、武等各式名家也都在根据普及和推广的需要，不断地在继承传统的基础上改造创新，这些都是与时俱进的做法，都应该很好地加以弘扬。如果片面强调继承传统，而不敢越雷池一步，那势必固步自封，不进则退。反之，如果片面强调探索创新，而不继承传统，那么也势必导致为无源之水，无本之木，脱离太极的本质特点。所以，任何好的东西，都不可能一成不变，只有随着社会的发展而发展，才能生生不已，具有鲜活的生命力。有位名家说过"传统的原生态作品与时代的改良品，都是有生命力的。"当然，各个流派的拳架形态、速度

变化及运动风格等方面均存有差异，但在基本特点上，仍有许多共性的东西。其共同特点是：

1. 中正安舒，意动势随

太极拳练习要求立身中正，不偏不倚，舒展大方，这样就能做到动作如行云流水，春蚕吐丝，悠然自得，从容和顺，同时，在动作缓慢柔和的运行中，处处体现意念的引导作用，以意导动，意动势随，形神合一。

2. 松静自然，圆活连贯

"松"和"静"，这是练好太极拳的基本修养。"松"不仅要求精神上要松，而且要求全身肌肉关节都要节节放松，还要梢节往前、往下伸展，做到一松到底。"静"也能促进"松"，排除杂念，气定神闲地专心练功，效果才能更好。此外，太极拳处处都是圆，动作大多都走弧形或螺旋形，上下相随，这样转折才会圆润连贯。

3. 一动俱动，周身协调

太极拳拳论曰："一动无有不动，一静无有不静。"这就要求一动周身俱动，一动百动，一定百定。从脚至膝、胯、腰、肩、肘、手，力量通过这七个环节，逐节传递，节节贯串，最后达于手，形成周身协调的整劲。

4. 腰为主宰，气沉丹田

太极拳练习要求"主宰于腰"。因为腰是人体的一大枢纽，上下肢动作都要靠腰的带领，相随通顺，这里突出一个腰的源动作用。此外，打拳时，还要配合深长匀细的腹式呼吸，"气"常沉于小腹，叫"气沉丹田"，一利于下盘稳固，二利于健康长寿，符合古人所云"呼气入脐，寿与天齐"。

5. 轻灵沉稳，柔中寓刚

打太极拳时，要求"迈步如猫行，运劲如抽丝"。"猫行"的特点是一轻二灵三稳，因此，猫行的比喻十分贴切。拳友们常说每天都要走走"猫步"。"抽丝"的特色也是一轻二匀三细，因此用抽丝来形容太极拳的劲道也是相当贴切的。打太极拳既不能太硬又不能太软，而要有韧劲，做到柔而不软，松而不懈，刚而不僵，柔中寓刚，即柔中蕴藏着刚。

练 拳

第一节　太极拳的基础练习

　　太极拳的基础练习是太极拳入门的功夫，它包括太极拳的基本功、基本动作和动作组合。进行太极拳基础练习的目的是让初学者对太极拳技术有一个初步了解和认识，初步感受太极拳柔和、缓慢、圆活、连贯的风格特点，初步发展习练太极拳所需要的身体的技能和体能，一句话，是为日后太极拳的套路练习打下良好的基础，做好必要的准备。

　　太极拳的基本功、基本动作和动作组合，在某种意义上说是套路技术的元件和浓缩，它是历代习武者在太极拳运动实践中的智慧结晶。太极拳基础练习质量的好坏将直接影响到日后太极拳套路技术的水平，所以必须予以高度的重视。

　　我们发现有些太极拳初学者急于求成，说直接教我练套路嘛，我没时间练这些基础练习。结果拳套也学会了，但只是比比划划，一直进不了太极的"大门"，造成欲速则不达，这是一种浮躁心态在习拳方面的表现。我们还经常听到有些拳友问："老师，能不能告诉我练好太极拳的捷径或者什么秘诀。"我告诉这些朋友，想打好拳没有什么"捷径"可走，只有一步一个脚印地抓好太极拳的基础练习。我培养过近百人次的全国太极拳冠军，包括男、女世界太极拳金牌获得者陈思坦和高佳敏，这些优秀选手的共同经验是首先抓好太极拳的基本功、基本动作和动作组合，一步一个台阶地向上走，都没有一步到位的功夫。循序渐进，循序渐进，再循序渐进——这就是通向冠军之路的秘诀。

　　我们将太极拳的基础练习分为四个部分，即下盘练习、上盘练

习、发劲练习和动作组合。

一、下盘练习

下盘练习,也称为下肢动作练习,属于基本功、基本动作的范畴,我们把下盘练习分为定桩和活桩两种。所谓"桩",就是建房夯实地基时的打桩,这里借来比喻要练就稳固的下盘。站桩即是一种静站的练习方式,是端正身姿、协调身心关系的一种练功方法,站桩功对培养体力、定力及意志力都十分有益。

1. 定桩

(1) 浑元桩

两脚开立,与肩同宽,两脚屈膝半蹲;两臂屈肘环抱于胸前,手心向内,指尖相对,两手指间距约为10厘米,两手五指微屈分开,掌心微合,虎口成弧形。静站15~30秒为1组,每组间休息片刻,共站3组。(图2-1)

要点:头正项竖,下颌内收,舌抵上腭;沉肩坠肘,松腕舒指;含胸拔背,圆裆开胯,收腹敛臀,"命门"穴处后撑(背部与肚脐相对之穴为命门穴),使肩、背、臂、手构成一个呈内合之形,又含外开之劲的圆,即略带掤劲,同时保持身体的中正安舒,保持精神的内守。

作用:一是增强腹部肌肉力量;二是使脊椎减少自然的弯曲度,近乎两点一线,便于气沉丹田,气血通畅;三是入静,排除杂念,使意识进入舒适、宁静的境界。总之,力求做到空、圆、松、静、通,起到调身、调息、调心的作用。

易犯错误:主要是挺胸塌腰,难以气沉丹田。

纠正方法：一是老师手掌按住学员背部的命门穴，提示学员命门后撑去"顶"老师的手（图2-2）；二是架子稍高些，也可先微蹲站桩。

图2-1

图2-2

（2）**弓步桩**

前腿屈膝前弓，大腿斜向地面，膝与脚尖基本垂直，脚尖正向前，后腿自然伸直，脚尖内扣斜向前方约45°~60°。两脚均全脚着地，两脚间横向距离为10~20厘米。静站15~30秒为1组，每组间休息片刻，共站3组，左右腿交替练习。（图2-3）

要点：头正项竖，下颌内收，舌抵上腭；沉肩坠肘，立腰敛臀，两腿有对撑之劲；同时保持身体的中正安舒，目视前方。

易犯错误：一是前腿前弓不够或前弓过度，使膝关节超过脚尖；二是上体前倾造成凸臀。

纠正方法： 一是老师可用尺子垂直地面立住，并贴近学员的膝与脚尖，提示学员注意膝对准脚尖（图2-4）；二是可语言提示学员要上体正直，略加敛臀。

图 2-3

图 2-4

（3）虚步桩

后腿全脚着地，脚尖斜向前，后腿屈膝半蹲，大腿斜向地面（高于水平），脚跟与臀部基本垂直；前腿稍屈，用脚跟或前脚掌点地，两脚间横向距离约10厘米。静站5~10秒为1组，每组休息片刻，共站3组，左右腿交替进行。（图2-5、图2-6）

要点： 头正项竖，下颌内收，舌抵上腭；沉肩坠肘，含胸拔背，立腰敛臀，圆裆开胯；两条腿承载力为8:2，即后腿为8分，前腿为2分。保持身体的中正安舒，目视前方。

15

图 2-5

图 2-6

易犯错误：主要是虚实不分，重心过多地移向前腿；另一种则是相反，重心过多地移向后腿，两腿承载力比例变成 9∶1，如同长拳一样。

纠正方法：语言提示学员按 8∶2 安排好重心比例。

（4）半马步桩

前脚正向前，后脚横向外，两脚相距 2~3 脚长，全脚着地，两腿屈膝半蹲，大腿高于水平，重心在两腿中间，略偏于后腿。静站 15~30 秒为 1 组，每组间休息片刻，共站 3 组，左右腿交替进行。（图 2-7）

要点：与弓步要点同。

易犯错误：主要是后腿膝关节内扣或重心略偏前。

纠正方法：语言提示学员后腿膝关节要略外展，形成两腿有对撑之劲；另外提示重心略偏后腿，由后腿蹬地向前催力。

练 拳

图 2-7

2. 活桩

(1) 上步桩

后脚经另一脚内侧划弧向前上一步,脚后跟着地成虚步。静站3~5秒,左右腿交替进行。(图 2-8)

图 2-8

17

要点：强调需划弧向前，同时要轻起轻落，目视前方。

（2）退步桩

前脚经另一脚内侧划弧向后退一步，脚前掌先着地，再过渡到全脚掌，随后重心后移成虚步。静站3~5秒，左右腿交替进行。（图2-9、图2-10）

要点：同"上步桩"，唯方向相反。

图2-9

图2-10

（3）走猫步

"走猫步"指左、右脚连续进行的上步练习。如从右弓步开始，略后坐右撇脚，再重心前移，左脚经右腿内侧划弧向前上一步，脚后跟着地，再过渡至左弓步。再从左弓步开始练习上右步，要领与上左步相同，唯动作相反。可连续进行，每次弓步、虚步各静站约3~5秒。（图2-11~图2-19）

要点：同"上步桩"。

图 2-11

图 2-12

图 2-13

图 2-14

太极拳入门三篇

图 2-15

图 2-16

图 2-17

图 2-18

图 2-19

(4) 丁转弓桩

一腿屈膝半蹲，全脚着地，另一腿屈收其内侧，脚前掌轻点支撑脚内侧约 10 厘米处成丁步；后划弧前上一步，脚后跟着地成虚步；随即略重心前移，经半马步过渡成弓步。丁步、虚步、半马步、弓步各静站 3~5 秒钟，左右腿交替进行。（图 2-20~图 2-23）

图 2-20 　　　　　　　　图 2-21

图 2-22

图 2-23

要点：同"上步桩"。

(5) 侧行桩

一腿屈膝半蹲，全脚着地；另一腿屈收其内侧，脚前掌轻点支撑脚内侧约 10 厘米处成丁步；后提起向侧平移，先脚前掌着地，随之全脚踏实，重心移到该腿，两脚平行地连续依次侧移。丁步、侧跨步各静站 3~5 秒，向左、向右交替进行。（图 2-24~图 2-30）

练 拳

图 2-24

图 2-25

图 2-26

图 2-27

23

图 2-28　　　　　　　　　图 2-29

图 2-30

要点：由点及面至实均须轻起轻落。

二、上盘练习

上盘练习也称为上肢动作练习，属于基本功、基本动作的范畴。我们把上盘练习分为分靠式、搂推式、卷肱式和云手式四种。通过上盘练习，能使太极拳初学者体验和掌握太极拳上肢多走弧形的运行路线和运行过程较柔及落点定势略刚（俗称"运柔落刚"）的运动特点。

1. 分靠式

从两脚开立左抱球开始，右掌向右斜上方、左掌向左斜下方分开，分掌后右掌停于体前，与头同高，左掌下按停于胯旁，两臂微屈成弧形。此为右分掌。左分掌动作相同，唯方向相反。该招式为"野马分鬃"动作的上肢动作。（图2-31~图2-34）

图 2-31　　　　　　　　图 2-32

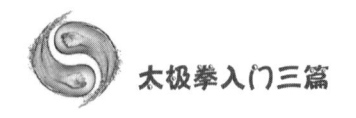

图 2-33

图 2-34

要点：分掌手要力达上臂和肩部，体现出"靠劲"。接近定势时要略带沉劲，目随分靠手而动后定于前方。

2. 搂推式

从两脚开立、右手右后侧举臂、左手置于右肘侧开始，随上体左转，左掌经腹前搂按于左胯旁，右掌经右耳侧向前推出，定势时掌心向前，指尖向上，指高不过眉，低不过肩，臂微屈成弧形。此为右推掌。左推掌动作相同，唯方向相反。该招式为"搂膝拗步"的上肢动作。（图 2-35~图 2-40）

练 拳

图 2-35

图 2-36

图 2-37

图 2-38

27

图 2-39　　　　　　　　　　图 2-40

要点：推掌手掌心由斜向前推至前方定势时的掌心向前，要走弧形轨迹，要松肩坠肘，定点时沉腕舒指，着力点在掌根和掌侧；整个臂要做到"曲中求直"。搂掌与推掌要协调配合，目视前方。

3. 卷肱式

从两脚开立、右手右后侧举臂、左手推至身前方与肩同高开始，随上体左转，右掌经右耳侧向前推出，定势时掌心向前，指尖向上，指高不过眉，低不过肩，臂微屈成弧形；左手翻掌，屈肘回收到左肋外侧，此为右卷肱。左卷肱动作相同，唯方向相反。该招式为"倒卷肱"动作的上肢动作。（图 2-41~图 2-46）

要点：两手一推一拉要配合协调，还需要注意推、拉动作中有两掌心大体相对的过程。眼先随前推手，后再随侧举手。其他要点与搂推式相同。

练 拳

图 2-41

图 2-42

图 2-43

图 2-44

29

图 2-45 　　　　　　　　　图 2-46

4. 云手式

从两脚大开立步、左手经腹前划弧至右肩前、右手置于右胯侧开始，随上体左转，身体重心渐移至右腿，左手经脸前向左侧运转，由掌心向里渐内旋至掌心朝外；右手由右下经腹前上左上划弧至左肋前，由掌心斜向下渐外旋至掌心斜向后。此为左云手。右云手动作相同，唯方向相反。此招式为原地云手，是套路中活步"云手"的上肢动作。（图 2-47~图 2-52）

图 2-47 　　　　　　　　　图 2-48

练拳

图 2-49

图 2-50

图 2-51

图 2-52

要点：云手时，身体转动要以腰脊为轴，体现"主宰于腰"，并保持"立身中正"。两臂随腰运转，目随上手转动。

31

三、发劲练习

这是我们在太极拳基本功、基本动作中放进弹抖发劲的内容，是一种新的尝试。主要考虑到年轻的朋友特别是年轻的男性拳友，一接触到太极拳，就嫌太极拳太柔、太慢，觉得打起来没劲，殊不知陈式太极拳和传统杨式太极拳也有弹抖发劲的动作。所以，我们选择了三个动作进行发劲练习，也让拳友们了解太极拳也有"刚"的一面，当然刚中有柔；然后再和"柔"的一面结合起来练。这样，也可以因人而异，个人喜欢松柔为主风格的，可以放松、柔和地慢练；个人喜欢刚强为主为风格的，则可以选择时有发劲及变换节奏的方法，使学员更好地理解和体验太极拳"刚柔相济"的运动特点。

近几年，在国内外太极拳教学中，也试行了这种发劲练习，收到了较好的效果，学员们普遍反映："练几组就能微微出汗，很过瘾。""发劲练习让我们很直观地理解太极拳动作的攻防原理。"

1. 野马分鬃（发劲）

发劲的"野马分鬃"，也可简称"发劲分鬃式"。可先原地做，再上步连续做。动作要领和要点与"分靠式"相同，惟一区别的是动作接近定势时，要突然蹬腿。无论采取何种方法练，都要遵循"柔中存刚"的原则，要转腰、靠臂，发出"寸劲"。（图2-53~图2-59）

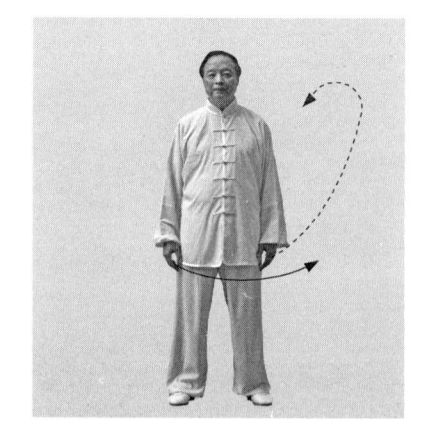

图 2-53

练 拳

图 2-54

图 2-55

图 2-56

图 2-57

33

图 2-58

图 2-59

要点："抱球"时蓄劲，"分鬃"时发劲；要弹抖发劲，用上短暂的爆发力，用上下相随的整劲、弹抖劲。

2. 搂膝拗步（发劲）

发劲的"搂膝拗步"也可简称"发劲搂推式"。可以原地做，再上步连续做。动作要领和要点与"搂推式"相同，唯一区别的是动作接近定势时，要突然蹬腿、转腰、搂推，发出"寸劲"。（图 2-60~图 2-65）

要点："屈肘"时含胸、蓄劲，"搂推"时展胸、发劲；要用上短暂的爆发力，用上下相随的整劲、弹抖劲。

练 拳

图 2-60

图 2-61

图 2-62

图 2-63

图 2-64 　　　　　　　　　　　图 2-65

3. 侧插发劲式

从左半马步、两臂屈曲坠肘、两掌心朝斜上方开始，重心边前移成左弓步，边两臂内旋边两掌向左右两侧猛力插出，两臂伸直，力达指尖，接近定势时要突然蹬腿、立腰、旋伸臂。再上右步，做右弓步的侧插发劲式。（图 2-66～图 2-69、图 2-69 附图 2）

图 2-66 　　　　　　　　　　　图 2-67

练拳

图 2-68

图 2-69

图 2-69 附图 1

37

图 2-69 附图 2

要点:"屈肘"时含胸、蓄劲,"侧插"时展胸、发劲。其他要点与"发劲搂推式"相同。

还有其他发劲练习也可集体进行,更有气场、气氛,效果更佳。(图 2-70~图 2-77)

图 2-70

图 2-71

图 2-72

图 2-73

图 2-74

图 2-75

图 2-76

图 2-77

图 2-77 附图 1

图 2-77 附图 2

四、组合练习

由三个或三个以上的单个动作连贯起来练习,叫组合练习。掌握好相关的组合练习,也就为段落练习和套路练习做好了必要的准备。以下介绍两组组合练习。

1. 揽雀尾

揽雀尾这个组合包括了掤、捋、挤、按四种太极拳的主要手法。下面以左掤、捋、挤、按为例加以说明。

（1）掤：左脚划弧向左侧迈出，由半马步过渡到左弓步；同时左臂成弧形由下向上、向前掤架，横于胸前，掌心向内，高与胸平，着力点在前臂外侧；右手同时按于右胯旁；上体随之左转，目视左掤臂方向。（图 2-78~图 2-80）

43

图 2-78

图 2-79

图 2-80

（2）捋：上体微向左转；左手随之前伸翻掌，掌心斜向下，右掌外旋转腕，使掌心斜向上，左斜上迎置于左前臂下，与左掌掌心

斜相对；随即重心后移，经半马步至左腿伸直；同时两掌随腰向下、向右后方将至身体右后方；目随两掌而动，定势时视右手指方向。（图 2-81~图 2-83）

图 2-81

图 2-82

图 2-83

（3）挤：上体左转；右臂屈肘折回，右手附于左手腕内侧；随即重心前移，经半马步左腿前弓成左弓步；同时两臂向前挤出，挤出后两臂撑圆，高不过肩，低不过胸，着力点在左前臂外侧；目随两掌而动，定势时视正前方。（图2-84、图2-85）

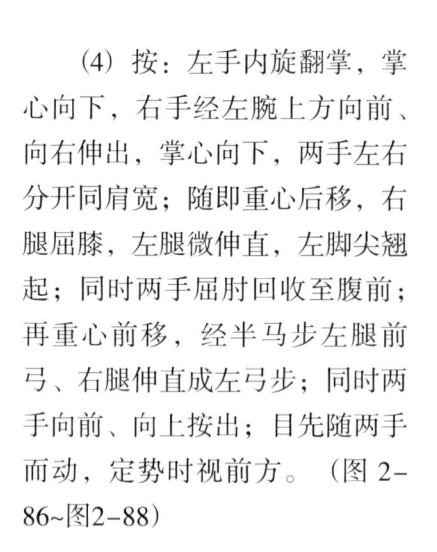

图2-84 　　　　　　　　图2-85

（4）按：左手内旋翻掌，掌心向下，右手经左腕上方向前、向右伸出，掌心向下，两手左右分开同肩宽；随即重心后移，右腿屈膝，左腿微伸直，左脚尖翘起；同时两手屈肘回收至腹前；再重心前移，经半马步左腿前弓、右腿伸直成左弓步；同时两手向前、向上按出；目先随两手而动，定势时视前方。（图2-86~图2-88）

图2-86

46

图 2-87 　　　　　　　　图 2-88

以上为左揽雀尾动作，右揽雀尾动作相同，唯方向相反。（图 2-89~图 2-100）

图 2-89 　　　　　　　　图 2-90

太极拳入门三篇

图 2-91

图 2-92

图 2-93

图 2-94

练拳

图 2-95

图 2-96

图 2-97

图 2-98

49

图 2-99

图 2-100

要点：一是掤、捋、挤、按这四种太极拳手法都要运行柔，落点刚，力点准确；同时各种手法之间又要衔接圆润，连贯圆活。二是注意身法虚、实、含、展的协同配合。上掤前、下捋肘、屈肘时、回收时都要含胸拔背，体现"虚""含"；掤出、挤出、按出及捋后臂侧举都要体现"实""展"。处处注重手、眼、身、步的协调完整。

2. 高探马→右蹬脚→双峰贯耳

（1）高探马

右腿屈膝半蹲，左腿弯曲，脚前掌着地成左虚步；左掌收至腰前，掌心向上，掌指斜向前，右掌向前推出，掌心斜向前，掌指高与眼平；目视右推掌方向。（图2-101）

图 2-101

（2）*右蹬脚*

上体微右转；右手略下落，左手前伸至右手腕背面，两手相互交叉；随即左脚提起向左前侧方上步，重心前移成左弓步，右脚向左腿靠拢，脚前掌点地；同时两手内旋，经左上方向两侧分开并向下、向上划圆，至左胸前时两腕相交，两掌合抱成斜十字，右掌在外，掌心均向内；随即左腿伸直，右腿屈膝提起，右脚向右前方慢慢蹬出，脚尖回勾，力达脚跟；同时两掌内旋，分别向右前和左后方划弧撑开，肘部微屈，腕与肩平，掌心向外，右臂与右腿上下相对；目依次先随左、右掌而动，定势时视右掌方向。（图2-102~图2-105）

图 2-102

图 2-103

图 2-104

图 2-105

(3) 双峰贯耳

右小腿收回，右膝平屈，脚尖自然下垂；左前臂外旋，左掌由后向上、向前划弧下落，右掌掌心翻转向上，与左掌同时平行分落于右膝两侧；随即右脚向前方下落，脚跟着地，重心前移成右弓步；同时两掌变拳，经腰间从两侧向上、向前划弧贯出，高与耳齐，两拳眼斜向下，相距约一头宽，两臂成钳形；目先随右拳而动，定势时视前方。定势方向与右蹬脚方向一致。（图2-106~图2-108）

图 2-106

练拳

图 2-107　　　　　　图 2-108

要点：一是右蹬脚时要保持上体正直，不可后仰，两臂划弧外撑，利于固定胸廓，同时呼吸要先吸后"托"，定势时稍稍屏气，提高动作的稳定性。二是三个动作要衔接和顺，并注意腰部转动与胸、腹展含的身法配合。

五、基础练习的注意事项

1. 结合练或单独练

太极拳基础练习这四个部分内容是按照由简到繁、由易到难这个循序渐进的原则编排的，是练好太极拳的必修课，甚至是要天天练的功夫。为此，结合太极拳课的准备活动有选择地练是一个很好的办法，可以集体练，也可以个人练，当然也可以把基础练习的内容作为一堂课的任务单独练。练习方法以集体练的形式较为多见。

音乐一响,拳友们一起练,气氛好,很热闹。当然,我们也提倡个人单独练,这样更便于"入静""排除杂念",以意识引导动作,引导呼吸,更好地思考动作要领,去"悟"其中的拳理,逐步做到化僵为柔,再积柔成刚。

2. 知"三节",明"六合"

从形态学的角度讲,人体的有关部分可以划分为若干环节,这也就是太极拳家传统所阐述的"三节""六合"说。

《太极拳》论中说:"起于脚,发于腿,主宰于腰,形于手指。"就是说力量的源泉都"起于脚",脚蹬地,给"地"一个作用力,"地"就有一个反作用力,由脚传递到腿、到腰,最后达于手。这可以说是一个大"三节"的概念,足为根节,躯干为中节,手为梢节。这样从脚开始"起于脚",问地要力,"脚(踝)→膝→胯→腰→肩→肘→手(腕)",这就是力量传递的7个环节。如果从小"三节"来说,上肢肩为根节,肘为中节,手为梢节;下肢胯为根节,膝为中节,足为梢节。

"六合"是在太极拳运动形态学上的又一基本要求,它是由"外三合"和"内三合"组成,统称为"六合"。这"外三合"指的是"手与足合,肘与膝合,肩与胯合"。这个"合",主要是指在一个平面上的相合、相对,而不能机械地理解为上、下相对。譬如说"单鞭"动作,推掌的手与前弓腿的脚就是在一个平面上的相"合"。又如"搂膝拗步"动作,推出的掌与后伸的腿是在一个平面上的相"合"。还有,"内三合"指的是"心与意合,意与气合,气与力合"。太极拳的运动特点是以意识引导动作和呼吸,叫"以意导动,以意导气",这就是说要在大脑神经系统的统一指挥下,对生命过程的动态变化起一种控制作用,强调用意识指挥肌肉运动,并对人体经络产生刺激,同时意识指挥呼吸使体内之"气"调动、聚集、充实并顺畅起来,做到"意气相随",意到气到,气到则劲到。这就要求"外三合"必须与"内三合"紧密联系、共生共存和相辅相成。这也就形成了"六合"的概念。

知"三节",明"六合",是在太极拳基础练习中应该遵循的原理,也是日后在套路练习中应该遵循的原理,这样才能使人体在太极拳运动中好似一个沿弧形旋转的球体,形成形、劲、意、气有机的统一体。

3. "不紧不慢方为功"

我们听到一些拳友反映:"人家都说太极拳健身效果很好,可我练了好多年都不见成效,不知为什么?"结果一了解,他(她)工作忙,一周间只练一两次。这样一天"打鱼"六天"晒网"的练功节奏,再好的锻炼方法都难以奏效。

老一辈太极拳家之所以能坚持天天练,除了有顽强的毅力外,还能掌握好的练功的"度"。这个"度"如何把握呢?著名京剧武生盖叫天有句名言对我们很有启示,那就是"紧了绷,慢了松,不紧不慢方为功"。要掌握好"不紧不慢"这个"度"。有的人高兴起来一天练五六个小时,而一歇就是五六天,这种"一曝十寒"的练法难有好效果。这个"不紧不慢",就是每天练功半个小时至两个小时。我的好朋友、著名企业家、广西省政协委员、福州市人大代表、盛天集团董事长林炳东和他的太太林天英坚持练太极拳30余年,一年365天没有一天耽误过练拳,天天坚持晨练一两个小时,甚至大年三十都未停练过。我们好奇地问:"你们工作那么忙,节奏那么快,还经常出差,怎么能做到一天都不耽误练功呢?"他的回答很简单:"如果今天出差是早七时的航班,那就凌晨四时起

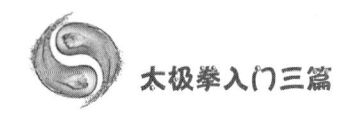

床,练一个小时后赶去机场。""一天都没有例外,不然今天有事能原谅,明天有事也下个台阶,那哪能做到天天练呢?"他们的坚持练功,也给他们丰厚的"回报",每年体检各项指标都在正常的范围内,近几年还会出现"低密度"指标下降、"高密度"上升这样的好结果,而这竟然是已经六十岁开外人的良好指标呵,让医生都颇为惊讶。另外,我黑龙江的弟子马俊恩在冬季零下十几度的天气里也都坚持天天晨练,真正做到"夏练三伏,冬练三九",我的弟子江云、王群英、林学锋、王天成、蒋继林、何望东、张美瑛、陈日东等也都能按照"不紧不慢"的原则练功,均收到了良好的效果。还有,我们每年都到日本交流,日本出云市今年92岁的老太太上野贞子,练太极拳近20年,每天都练功半小时,现在身体还硬朗着呢!

有人习惯晨练,有人习惯晚上或傍晚时间练,这都没关系,只要适合自己的情况,能够坚持就是最好的。

以上三点注意事项不仅适用于太极拳的基础练习,也适用于套路练习。

第二节 24式太极拳

一、24式太极拳简介

简化太极拳也称24式太极拳,这是在全世界普及最广的一套拳。这套拳是在传统太极拳的基础上,去掉重复的内容,删繁就简,由浅入深,使内容简明,易学易练,便于普及。自1956年国家体委公布至今已有50多年,据不完全统计已有100多个国家和

地区起码1亿人口学练过这套拳，习练人数之多，流传地域之广，都是其他拳种无法比拟的。

简化太极拳的诞生，使古老的太极拳真正赶上时代的步伐，与时俱进，使太极拳真正意义上走进寻常百姓家。简化太极拳的诞生在武术史上具有划时代的影响，具有里程碑的意义。

二、24式太极拳动作名称

预备势

第一段

1. 起势
2. 野马分鬃（三）
3. 白鹤亮翅
4. 搂膝拗步（三）
5. 手挥琵琶

第二段

6. 倒卷肱（四）
7. 左揽雀尾
8. 右揽雀尾
9. 单鞭

第三段

10. 云手（三）
11. 单鞭
12. 高探马
13. 右蹬脚
14. 双峰贯耳

第四段

15. 转身左蹬脚
16. 左下势独立
17. 右下势独立
18. 左右穿梭
19. 海底针
20. 闪通背
21. 转身搬拦捶
22. 如封似闭
23. 十字手
24. 收势

三、24式太极拳图解与提示

预备势

身体自然直立，两脚并拢，头颈正直，微收下颌，舌抵上颚；两手轻贴大腿两侧；排除杂念，凝神静气，目视前方。（图2-109）

图 2-109

第一段

1. 起势

左脚向左分开，两脚平行开立，与肩同宽；随即两臂慢慢向前平举，两手与肩同高、同宽，手心向下；接着两腿屈膝下蹲，同时

两掌轻轻下按，两肘下垂与两膝相对；目视前方。（图 2-110~图 2-112）

图 2-110

图 2-111

图 2-112

要点：举臂时以手带肘，以肘带肩；下按时以肩带肘，以肘带手，如按在漂在水面上的木板。运行中始终立身中正，沉肩坠肘，松腰敛臀。

攻防含义：

（1）当对方抓按住我两臂前臂或手腕时，我则随重心前移，两臂向前掤起，使对手失去平衡。（图2-113、图2-114）

图 2-113

图 2-114

（2）当对方向前对我实施挤靠时，我顺势略转身下按，使对方失去重心前仆。（图2-115~图2-117）

图 2-115　　　　　　　图 2-116

图 2-117

2. 野马分鬃

（1）上体微向右转，身体重心移至右腿上；同时右臂收于胸前平屈，手心向下，左手经体前向下划弧置于右手下方，手心朝上；两手掌心相对成抱球状；左脚同时收至右腿内侧，脚前掌点地；目

61

随右手而动。（图2-118）

（2）上体微向左转，左脚向左前方划弧迈出，由脚跟着地过渡到全脚着地，右脚跟后蹬，右腿自然伸直成左弓步，同时上体继续左转；左右手随之分别向左上右下分开，左手高与眼平，掌心斜向上，肘微屈，右掌按落于右胯旁，指尖朝前；目随左手。（图2-119、图2-120）

图2-118

图2-119

图2-120

(3) 上体后坐，重心移向右腿，左脚尖翘起，随即左脚外撇约45°，再全脚着地，随上体左转，左腿屈膝前弓；同时左臂内旋，左手翻掌，掌心向下平屈于左胸前，右手向左上划弧于腹前，两手掌心相对成抱球状；右脚同时收至左腿内侧，脚前掌点地，目随左手而动。（图2-121、图2-122)

图2-121

图2-122

(4) 上体微向右转，右脚向右前方划弧迈出，由脚跟着地过渡到全脚着地，左脚跟后蹬，左腿自然伸直成右弓步；同时上体继续右转，右左手随之分别向右上、左下分开，右手高与眼平，掌心斜向上，肘微屈，左掌按落于左胯旁，指尖朝前；目随右手。（图2-123、图2-124)

图 2-123 　　　　　　　　　　图 2-124

(5) 与 (3) 相同，唯左右相反。（图 2-125、图 2-126）

图 2-125 　　　　　　　　　　图 2-126

(6) 与（2）相同。（图 2-127、图 2-128）

图 2-127

图 2-128

要点：

(1) 要防止弓步两脚横向一条线。可分三步走来纠正：一是转腰沉胯，二是划弧出脚，三要沉胯碾脚，使两脚横向距离为10~30厘米。

(2) 分靠着力点在肩和上臂后部，不能做成"靠""掤"不分（图 2-129）。老师可用手检查其劲道是否正确。（图 2-130）

图 2-129

图 2-130

攻防含义：

（1）"抱球"是当对方出拳进攻时，我一手抓握其腕部，另一手按压其肘部，实施反关节擒拿；若对方顶抗，我则反方向擒拿之。（图2-131~图2-135）

图2-131

图2-132

图2-133

图 2-134 　　　　　　　　　图 2-135

（2）当对方出拳进攻时，我一手抓握其腕部，然后上步卡其大腿，另一手插其臂下，向其无支撑方向以肩和上臂后部分靠击之，使其失去重心（图 2-136~图 2-138）。若对方顶抗，我则反方向靠击之，使之跌倒。（图 2-139~图 2-141）

图 2-136 　　　　　　　　　图 2-137

太极拳入门三篇

图 2-138

图 2-139

图 2-140

图 2-141

3. 白鹤亮翅

（1）上体微向左转；左手边内旋边翻转斜向下，左臂平屈于左胸前，右手边外旋边向左上划弧，手心斜向上，与左手掌心斜相对；同时右脚跟进半步，脚前掌着地；目随左手方向。（图2-142）

（2）右脚踏实，重心后移至右腿，上体右转；同时右手向右上方划弧领起，左手先略随右臂再微向左分开；目随右手而动。（图2-143）

图2-142 　　　　　　　　图2-143

（3）上体左转，面向前方，左脚稍向前移，脚前掌着地成左虚步；同时两手随转体向右上、左下分开，右手上提，停于右额前，掌心向左斜后方，左手按落于左胯侧前方，指尖向前；目平视前方。（图2-144、图2-144附图）

图 2-144　　　　　　　　　　图 2-144 附图

要点：此动作为典型的"左顾右盼中定"，处处要注重"以腰为轴"。初学者往往忽视"左顾"这个要领，这就需要老师用手势和语言加以诱导。（图 2-145~图 2-147）

图 2-145

图 2-146

图 2-147

攻防含义：当对方以右拳向我进攻时，我则以左手擒其右腕，随即上右步置于其右腿侧后方，右手划弧向左前方卡其右上臂，向

我的右后方挒捌，用的是"捌"劲，使对方失去重心向前仆倒。
（图 2-148~图 2-150）

图 2-148

图 2-149

图 2-150

4. 搂膝拗步

(1) 右手从体前由下向右后上方划弧至右肩后约 30°，手与耳同高，掌心斜向上，左手从左下向上、向右划弧至右胸前，掌心斜向下；同时上体先微向左再向右转，左脚同时收至右腿内侧，脚前掌点地；目随右手而动。（图 2-151、图 2-152）

图 2-151 　　　　　图 2-152

(2) 上体左转，左脚划弧迈出前弓成左弓步；同时右手屈回，由耳侧弧形向前推出，高与鼻平，左手同时经腹前向下，由左膝上搂过按落于左胯旁，指尖向前；目随右手而动，定势时平视前方。（图 2-153、图 2-154）

(3) 右腿屈膝后坐，身体重心移至右腿，左脚尖翘起并外撇约 45°，随即上体左转，全脚踏实，左腿屈膝前弓，右脚收到左腿内侧，脚前掌点地；同时左手向外翻掌，由左下向左后上方划弧至左

肩后约 30°，手与耳同高，掌心斜向上，右手随转体边外旋边向上、向左划弧至左胸前，掌心斜向下；目随左手而动。（图 2-155、图 2-156）

图 2-153

图 2-154

图 2-155

图 2-156

（4）与（2）相同，唯左右方向相反。（图 2-157、图 2-158）

（5）与（3）相同，唯左右方向相反。（图 2-159、图 2-160）

图 2-157

图 2-158

图 2-159

图 2-160

(6) 与（3）相同。（图 2-161、图 2-162）

图 2-161　　　　　　　　图 2-162

要点：

（1）搂手、推掌与屈膝弓腿需协调一致，体现出合力与整劲。老师可用两手检查其劲道是否正确。（图 2-163）

图 2-163

（2）侧举臂、收脚与转体也需同步。

攻防含义：当对方向我腹部击拳时，我一手搂开，另一手向前推击之，使之失去重心。（图 2-164、图 2-165）

图 2-164

图 2-165

5. 手挥琵琶

右脚跟进半步，脚前掌着地，随即上体后坐，身体重心移至右腿，同时上体半面右转，左脚略提起稍向前移，脚跟着地，脚尖翘起，膝部微屈成左虚步；同时左手由左下向右上划弧挑举，高与鼻平，掌心向右，臂微屈，右手收回置于左臂肘部内侧，掌

心向左；目先随右手而动，定势时通过左手指尖平视。（图 2-166~图 2-168）

图 2-166

图 2-167

图 2-168

要点：定势时要"手正身斜"，形成合劲、捯劲。要防止做成手正身正，这样双方都能打到对方。（图2-169~图2-171）

图 2-169

图 2-170

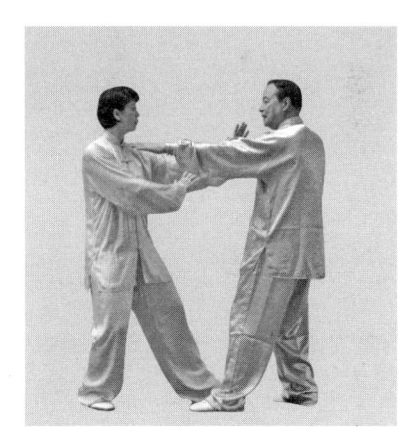

图 2-171

攻防含义：当对方以冲拳向我击来时，我一手抓握其手腕，另一手按其肘部，用上"捌"劲，迫其前仆。（图2-172~图2-174）

图 2-172

图 2-173

图 2-174

第二段

6. 倒卷肱

（1）上体右转；右手随转体外旋翻掌，掌心向上，经腹前由下向右后上方划弧平举，臂微屈，同时左手掌心向下、向前推掌；目随右手而动。（图2-175、图2-176）

图2-175

图2-176

（2）右臂屈肘折向前，右手由右耳侧弧形向前推出，高与鼻平，同时左臂屈肘撤至左肋外侧，掌心朝上；左脚同时轻轻提起，经右腿内侧划弧向左后方退一步，脚前掌先着地，再过渡到全脚掌，重心移至左腿，右脚随转体以脚前掌为轴扭正成右虚步；目随右手而动。（图2-177、图2-178）

图 2-177 　　　　　　　　　图 2-178

（3）上体左转；左手随转体向左后上方划弧平举，臂微屈，掌心向上，右手继续向前推掌；目随左手而动。（图 2-179）

（4）与（2）相同，唯左右相反。（图 2-180、图 2-181）

（5）与（3）相同，唯左右相反。（图 2-182）

图 2-179 　　　　　　　　　图 2-180

图 2-181

图 2-182

(6) 与 (2) 相同。（图 2-183、图 2-184）

(7) 与 (3) 相同。（图 2-185）

(8) 与 (2) 相同，唯左右相反。（图 2-186、图 2-187）

图 2-183

图 2-184

图 2-185　　　　　　　　　图 2-186

图 2-187

要点：

（1）一推一拉与转腰沉胯须协调一致；推与拉须掌心大体相对。

（2）后退落步须避免两脚走一线，甚至两脚交叉（图 2-188）。步法、身法应与屈肘折臂协调一致。

练拳

图 2-188

(3) 最后退右脚时,脚尖外撇角度略大些,以便接做"左揽雀尾"动作。

攻防含义:

(1) 如对方以左拳向我击来,我则以右前臂挡之,左掌顺右手掌心向前推击对方面部。(图 2-189~图 2-191)

图 2-189

图 2-190

图 2-191

（2）对方以左拳击来时，我以右手抓握其左腕旋之，以左手推搬之。（图 2-192~图 2-194）

图 2-192

图 2-193

图 2-194

7. 左揽雀尾

(1) 上体微向右转；右手随转体向右后上方划弧平举，手心斜向上，左掌继续略前推，掌心向下；目先随左手后随右手方向。（图 2-195）

(2) 上体继续微向右转；左手边外旋边划弧下落至腹前，手心朝上，同时右手边内旋边划弧屈肘收至右胸前，两手掌心相对成抱球状；同时身体重心移至右腿上，左脚收于右腿内侧，脚前掌点地；目随右手而动。（图 2-196）

(3) 上体微向左转，左脚划弧向左前方迈出，上体继续左转，右腿自然伸直，左腿屈膝成左弓步；同时左臂向左前上方掤架，即以前臂外侧和手背向前方推出，左臂平屈成半圆形，高与肩平，手心向后，右手向右下按落于右胯旁，手心向下，指尖朝前；目随左手而动，定势时平视前方，此为"掤"。（图 2-197、图 2-198）

图 2-195 　　　　　　　　　　图 2-196

图 2-197 　　　　　　　　　　图 2-198

（4）上体微向左转；左手随之前伸翻掌向下，右手边外旋边翻掌向上，经腹前向左前上方划弧迎至左前臂下方；随即经半马步身体重心移至右腿，上体向右转；两手同时经腹前向右后上方划弧下

捋，右手手心斜向上，高与肩齐，左臂平屈于右胸前，手心斜向后；目先随左手，后随右手而动，定势时视右手指方向，此为"捋"。（图2-199~图2-201）

图2-199

图2-200    图2-201

(5) 上体微向左转；右臂屈肘折回，右手附于左手腕内侧；随即上体继续左转；两手同时向前挤出，左手心向后，右手心向前，挤出后两臂撑圆，高不过肩，低不过胸；同时身体重心前移，经半马步左腿前弓成左弓步；目随两掌而动，定势时视正前方，此为"挤"。（图 2-202、图 2-203）

图 2-202

图 2-203

(6) 左手内旋翻掌，掌心向下，右手经左腕上方向前、向右伸出，手心向下，两手左右分开同肩宽；随即右腿屈膝，重心移至右腿，左腿微伸直，左脚尖翘起；同时两手屈肘回收至腹前，手心向下方；目光随两掌而动，后视前下方。（图 2-204、图 2-205）

（7）上势不停。身体重心前移，经半马步再左腿前弓，右腿伸直成左弓步；同时两手向前、向上按出；目先随两手而动，定势时平视前方，此为"按"。（图 2-206）

图 2-204

图 2-205

图 2-206

要点：

（1）掤、捋、挤、按均为太极拳的主要手法，一定要明确其着力点，"掤"和"挤"的着力点在前臂侧，"捋"和"按"着力点在两掌之中。（图 2-207~图 2-210）

（2）注意腰为中轴带动四肢，使每一种手法衔接圆润，连贯圆活，并注重胸腹的虚实含展与动作的协调配合。

图 2-207

图 2-208

图 2-209 　　　　　　　　图 2-210

攻防含义：

（1）"掤"的用法，一是对方以冲拳击来，我以手臂向上、向前掤架；二是一手抓腕，另一手撅臂，以反关节擒拿之；三是向前掤击对方。（图 2-211~图 2-213）

图 2-211 　　　　　　　　图 2-212

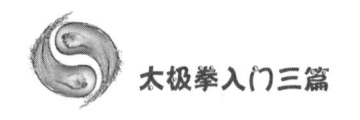

图 2-213

（2）"捋"的用法，是对方以冲拳击来时，我一手抓其腕，另一手附其肘部，向侧后方捋带，也称"顺手牵头"。（图 2-214~图 2-216）

图 2-214 　　　　　　　　　图 2-215

图 2-216

(3)"挤"的用法,是当对方在我"捋"时向后抗之,我则顺势将对方挤出,使其失去重心。(图 2-217、图 2-218)

图 2-217

图 2-218

（4）"按"的用法是当对方向前用力时，我则向侧方略化之，随即以两掌向前上掀推之，使其失去重心。（图 2-219、图2-220）

图 2-219

图 2-220

8. 右揽雀尾

（1）上体后坐并向右转，身体重心移至右腿，左脚尖里扣；同时右手先经脸前划弧至右侧方，再向右下划弧至腹前，手心向上，左手同时向右上划弧平屈于胸前，手心向下，与右手成抱球状；同时身体重心再移至左腿，右脚收于左腿内侧，脚前掌点地；目先随右手再随左手。（图 2-221、图 2-222）

图 2-221 　　　　　　　　图 2-222

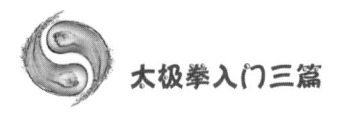

（2）、（3）、（4）、（5）、（6）分别与"左揽雀尾"（3）、（4）、（5）、（6）、（7）相同，唯左右相反。（图2-223~图2-232）

要点及攻防含义：均与"左揽雀尾"相同。

图 2-223

图 2-224

图 2-225

图 2-226

图 2-227

图 2-228

图 2-229

图 2-230

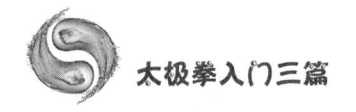

图 2-231 　　　　　　　　图 2-232

9. 单鞭

（1）上体后坐并向左转，身体重心移至左腿，右脚尖里扣；同时左手手心向外经脸前、右手手心斜向下经腹前作弧形运转，至左臂平举，伸于身体左侧，掌心向左，右手运行至左肋前，掌心向后上方；目随左手而动。（图 2-233、图 2-234）

图 2-233 　　　　　　　　图 2-234

（2）身体重心再移至右腿，上体右转，左脚向右脚靠拢，脚前掌点地；同时右手边内旋边向右上方划弧，手心由里转向外，至右侧方时向前推掌，腕与肩平，左手向下经腹前向右上划弧停于右前臂侧，手心向里；目随右手而动。（图2-235、图2-236）

图2-235

图2-236

（3）右手变勾手；同时上体微向左转，左脚划弧向左前侧方迈出，左腿屈膝，右腿伸直成左弓步；左掌随上体继续左转，边内旋边弧形运转向前推出，掌心斜向前，掌指与眼同高，臂微屈；目先随右手后随左手而动，定势时平视前方。（图2-237、图2-238）

101

图 2-237 　　　　　　　　　　图 2-238

要点:

（1）运行过程中保持立身中正。定势时，注重沉肩坠肘，左手与左脚、左肘与左膝、左肩与左胯须在一个平面上，即做到外三合。

（2）左脚尖和左掌的方向应略偏左前方，约 15°，左手和右勾手的夹角应在 135°以内，右勾手应随转体先微左转再略右转，叫"先跟后撑"。老师可用手助力诱导之。（图 2-239~图 2-241）

图 2-239 　　　　　　　　　　图 2-240

图 2-241

攻防含义：

（1）单鞭"勾"的用法基本上有三种。有两种是进攻性的，一是用勾啄击对方头部；二是用勾顶击打对方下颌等部位。（图2-242、图2-243）

图 2-242 　　　　　　　　图 2-243

（2）单鞭是先防后攻，也是勾的第三种用法。即对方以左拳击来，我则以右手勾挂开，再推左掌进攻，使之失去重心。（图2-244~图2-246）

图 2-244

图 2-245

图 2-246

第三段

10. 云手

（1）上体右转，身体重心移至右腿，左脚尖里扣；左手经腹前向右上划弧至右胸前，掌心斜向后，同时右手变掌，边内旋边向右侧方运转；目先随左手再转随右手。（图 2-247、图 2-248）

图 2-247 　　　　　　　　图 2-248

（2）上体左转，身体重心渐移至左腿；左手经脸前向左侧弧形运转，掌心仍斜向里，右手由右下经腹前向左上划弧至左胸前，掌心斜向后；同时右脚侧行靠近左脚，成小开立步，两脚距离 10~20 厘米；目随左手而动。（图 2-249、图 2-250）

图 2-249 　　　　　　　　图 2-250

（3）上体右转；左手经腹前向右上划弧至右胸前，掌心斜向后，右手边内旋边向右侧运转，掌心翻转向右；同时左脚向左横跨一步，由脚前掌先着地过渡到全脚掌；目随右手而动。（图 2-251~图 2-253）

图 2-251 　　　　　　　　图 2-252

106

图 2-253

（4）、（5）、（6）分别与（2）、（3）、（2）相同。（图 2-254~图 2-260）

"云手"先向右再向左"云"，一右一左为一组，共做 3 组。

图 2-254 　　　　　　　　图 2-255

图 2-256

图 2-257

图 2-258

图 2-259

图 2-260

要点：

（1）两臂须随腰脊的转动而运转，体现"腰为中轴"，并要松腰、松胯，自然圆活。

（2）眼主随上云之手而动。两掌在左、右侧变掌（即翻掌转手心向外）须与开步、收脚同步。老师可在身后两手扶腰帮助转动。（图 2-261、图 2-262）

图 2-261 　　　　　　图 2-262

（3）第三组"云手"，右脚最后跟步时，脚尖应微里扣，以便接做"单鞭"动作。

攻防含义： 当对方冲右拳向我击打时，我则以左臂掤起，再以右前臂插其右上臂下方向右后上方用"挒"劲，迫其失去重心而前仆。（图2-263~图2-266）

图2-263

图2-264

图2-265

图2-266

11. 单鞭

（1）身体重心移至右腿，上体右转，左脚向右脚靠拢，脚前掌点地；同时，右手随之边内旋边向右上方划弧运转，至右侧方手心由里转向外，并向前推掌，腕与肩平，左手向下经腹前向右上划弧停于右前臂侧，手心向里；目随右手而动。（图2-267）

图 2-267

（2）右手变勾手；同时上体微向左转，左脚划弧向左前侧方迈出，左腿屈膝，右腿伸直成左弓步；左掌随上体继续左转，边内旋边弧形运转向前推出，掌心斜向前，掌指与眼同高，臂微屈；目先随右手后随左手而动，定势时平视前方。（图 2-268~图 2-270）

图 2-268　　　　　　　　图 2-269

图 2-270

要点及攻防含义：均与前"单鞭"式相同。

12. 高探马

（1）右脚跟进半步，随即身体重心渐后移至右腿，同时左脚跟渐离地；右勾手变成掌，掌心朝上，肘微屈，左臂随之略向右转；目先随左手，再随右手而动。（图 2-271）

图 2-271

（2）上体左转，面向前方；右臂屈肘折回，右手经右耳侧向前推出，掌心向前，掌指与眼同高，左手边外旋边收至左腰侧，手心向上；左脚同时微向前移，脚前掌点地，成左虚步；目随右手而动，定势时平视前方。（图 2-272、图 2-273、图 2-273 附图））

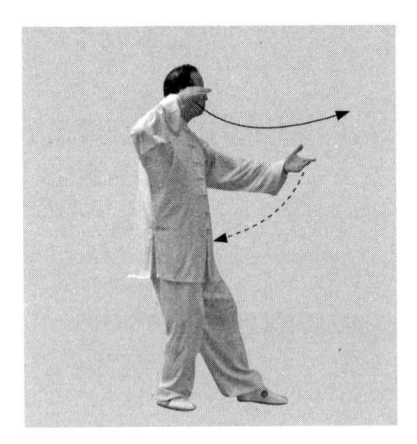

图 2-272

图 2-273    图 2-273 附图

要点：

(1) 高探马可以重心略高些，但身体不可上下起伏。

(2) 右推与左拉时，有两掌心大体相对的过程。左肘不要超过肋部。

练 拳

攻防含义：当对方以右拳击来时，我以左前臂挡之，并推右掌击其面，同时左脚踢对方右小腿胫骨或踢裆，以形成"上下齐攻"之势。（图2-274~图2-276）

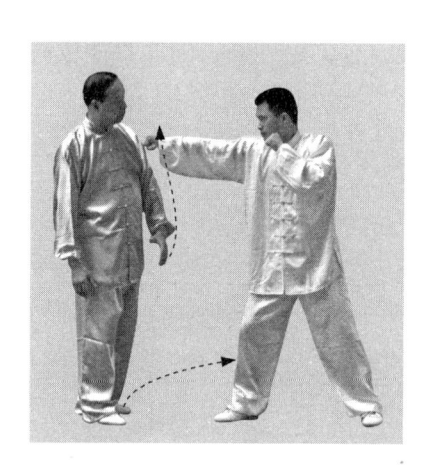

图 2-274

图 2-275 　　　　　　　　图 2-276

115

13. 右蹬脚

（1）上体微向右转；左手手心向上，前伸至右手腕背面，两手相互交叉，随即向两侧分开并向下划弧，手心斜向下；同时左脚提起向左前侧方进步，脚尖略外撇，随即身体重心前移，左腿屈膝，右腿自然伸直成左弓步；目先随左手后随右手而动。（图2-277、图2-278）

图2-277

图2-278

（2）两手由外圈向里圈划弧，交叉合抱于胸前，右手在外，手心均向后；同时右脚向左脚靠拢，脚前掌点地；目视前方。（图2-279）

（3）两臂边内旋边左右划弧分开推出并平举，手心均向外，腕部与肩同高，肘部微屈；同时右腿屈膝提起，右脚向右前方约30°蹬出；目通过右手指向前平视。（图2-280、图2-281）

图 2-279

图 2-280

图 2-281

要点：

（1）蹬脚时，脚尖回勾，着力点在脚跟。分掌时，力达掌侧。

（2）分手和蹬脚须协调一致，右臂与右腿上下相对，做到"外三合"。两臂之间的夹角应在135°以内。

攻防含义：

(1) 这是典型的上下齐攻的动作，上手击面，下脚蹬击胸腹。

(2) 如对方以冲拳击来或是我方推掌被挡，则上盘就形成"搭"手，武术攻防中讲"无搭不起脚"，故我能上手搭手、下盘"起脚"蹬击对方胸腹。（图2-282、图2-283）

图2-282 　　　　　　　　　　图2-283

14. 双峰贯耳

(1) 右腿收回，屈膝平举；左手由后边外旋边向前下划弧落至体前，右手也同时边外旋边下落，两手分落于右膝两侧，掌心均翻转向上；目随前方。（图2-284）

(2) 右脚向右前方落下，脚跟先着地，再过渡到全脚掌，重心前移，右腿屈膝，左腿伸直成右弓步，面向右前方；同时两手下落，慢慢变拳收至两腰侧，随即分别从两侧向上、向前划弧至面部

前方，两拳相对，成钳形状，高与耳齐，拳眼均斜向下，两拳间距10~20厘米，即几乎与头部同宽；目先随右拳而动，定势时平视前方。（图2-285、图2-286）

图2-284

图2-285 　　　　　　　　图2-286

要点：

（1）定势时，须头颈正直，松腰沉胯，上体略向前随。两臂保持弧形，并须沉肩坠肘，不可耸肩扬肘。纠正时除语言提示外，老师可用两手加以限制。（图2-287）

图 2-287

（2）定势的方向与右蹬脚方向相同。

攻防含义：当对方用双掌或双拳夹击我肋部时，我以双拳格挡的同时以右膝尖顶击其胸腹部。当对方后撤时，我则上步，以双拳合击其两侧太阳穴。（图2-288~图2-290）

练 拳

图 2-288

图 2-289

图 2-290

第四段

15. 转身左蹬脚

（1）左腿屈膝后坐，身体重心移至左腿，上体左转，右脚尖里扣；同时两拳变掌，由上向左右划弧分开平举，掌心分别向斜向前和斜向后；目随左手而动。（图 2-291）

图 2-291

（2）身体重心再移至右腿，左脚收至右脚内侧，脚前掌点地；同时两手由外圈向里圈划弧合抱于胸前，左手在外，手心均向后；目视前方。（图 2-292、图 2-292 附图）

（3）两臂边内旋边左右划弧分开平举，手心均向外，腕部与肩同高，肘部微屈；同时左腿屈膝提起，左脚左前方约30°蹬出；目通过左手指向前平视。（图 2-293、图 2-294）

图 2-292

图 2-292 附图

图 2-293

图 2-294

要点：与"右蹬脚"相同，唯左右相反。左蹬脚方向与右蹬脚约成 180°。

攻防含义：与"右蹬脚"相同，唯左右相反。

16. 左下势独立

（1）左脚收回平屈，上体右转；同时右掌变成勾手，左掌向上、向右划弧下落，置于右肩前，掌心斜向后；目随右勾手方向。（图 2-295、图 2-295 附图）

图 2-295 　　　　　　图 2-295 附图

（2）右腿慢慢屈膝下蹲，左脚由内向左侧偏后方伸出成左仆步；同时左手下落，掌心向外，顺左腿内侧向前穿出；目随左手而动。（图 2-296）

（3）身体重心前移，以左脚跟为轴，脚尖转正前方，左腿前弓，右脚尖里扣，右腿后蹬，上体微向左转并向前起身；同时左手立掌继续向前伸直，右勾手下落，勾尖朝上；目随左手而动。（图 2-297）

图 2-296　　　　　　　　　图 2-297

（4）左脚外撇，重心继续前移，右腿提起平屈，成左独立势；同时右勾手变掌，并由后下方顺右腿外侧向前弧形挑起，屈臂立于右腿上方，肘与膝上下相对，手心向左，左手同时按落于左胯旁，手心向下，指尖向前；目先随左手再随右手而动，定势时平视前方。（图2-298、图2-299、图2-299附图）

图 2-298

125

图 2-299　　　　　　　　　　图 2-299 附图

要点：

（1）仆步时，一是要防止两脚落在一条线上，应该是屈蹲腿之脚跟与仆直腿之脚尖落于一条线上；同时要防止上体前俯引起的凸臀。老师可用手加以限制。（图 2-300）

图 2-300

（2）要做到"手正身斜"，则便于进攻对方并避免对方攻击。而如果手正身也正，则易受对方攻击。（图2-301）

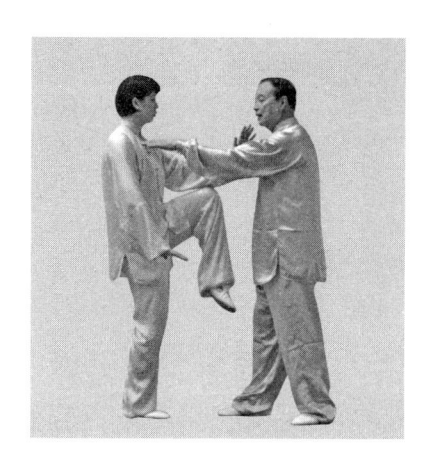

图2-301

（3）挑起的手臂之肘与屈腿之膝要相对，达到"相系相吸"的要求。屈膝腿的脚尖自然下垂。

攻防含义：

（1）当对方以右拳击来时，我以右手抓腕并"采"其腕，随即以左穿掌插击对方裆部。（图2-302、图2-303）

（2）当对方以右拳击来时，我则以左手抓握并"采"其腕部，随即以右手穿过其裆部，随即蹬腿、转腰向右后扛摔之，俗称"倒口袋"。（图2-304、图2-305）

太极拳入门三篇

图 2-302

图 2-303

图 2-304

图 2-305

（3）"独立势"也是典型的"上下齐攻"的例子。当对方以右拳击来时，我以左手边挡边下"采"，随即以右掌挑击其下颌，并以右膝顶击其胸腹。（图2-306~图2-308）

图2-306

图2-307 　　　　　　　　　图2-308

17. 右下势独立

（1）右脚下落于左腿内侧，脚前掌着地，随即重心略移右腿，左脚前掌为轴，脚跟向内碾动，随即重心再移至左腿，身体随之左转；同时左手边向后平举边变成勾手，右掌随着转体向左侧划弧，立于左前臂侧，掌心斜向后；目随左手而动。（图 2-309）

图 2-309

（2）、（3）、（4）分别与"左下势独立"的（2）、（3）、（4）相同，唯左右相反。（图 2-310~图 2-313、图 2-313 附图）

练 拳

图 2-310

图 2-311

图 2-312

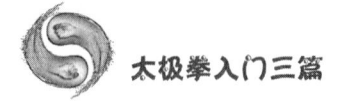

图 2-313

图 2-313 附图

要点：右脚掌着地后应稍提起，再向下仆腿。其他均与"左下势独立"相同，唯左右相反。

攻防含义：与"左下势独立"相同。

18. 左右穿梭

（1）左脚向左前方落地，脚跟先着地，脚尖外撇，同时上体向左转；左手边内旋边下落，右手边外旋边向左上方迎出；随即重心移向左腿，屈膝半蹲，右脚收至左脚内侧，脚前掌点地；同时左手在左胸前，右手在左腹前成抱球状；目随左手而动。（图 2-314、图 2-315）

练拳

图 2-314 　　　　　　　图 2-315

(2) 身体微向右转，右脚向右前方迈出，脚跟先着地，再过渡到全脚掌，屈膝前弓成右弓步；同时右手经脸前边内旋翻掌边划弧上举架于右额前，掌心斜向上，左手下落，经左腰侧向右前方推出，高与鼻尖平，掌心朝右前方；目随右手后随左手而动，定势时平视右前方。（图 2-316、图 2-317）

图 2-316 　　　　　　　图 2-317

133

(3) 身体重心略向后移，右脚尖稍向内扣，随即身体重心再移至右腿，左脚收于右脚内侧，脚前掌点地；同时右手略外旋下落至右胸前，左手划一小弧收抱于右腹前，两手成抱球状；目随右手而动。（图 2-318、图 2-319）

(4) 与（2）相同，唯左右相反。（图 2-320、图 2-321）

图 2-318 　　　　　　　　　　图 2-319

图 2-320 　　　　　　　　　　图 2-321

要点：

（1）"左右穿梭"方向分别为右、左斜前方 30°~45°。

（2）上架、前推掌与弓腿松腰须上下协调一致，同步完成。老师可用两手加阻，让学员体验架、推的劲道。（图 2-322、图 2-323）

图 2-322

图 2-323

攻防含义：以"右穿梭"为例，当对方以左拳击来时，我上右步右腿卡其左腿后方，随即右架左推，使其失去重心。（图 2-324、图 2-325）

图 2-324

图 2-325

19. 海底针

右脚向前跟进半步，上体微向左转，随即身体重心移至右腿，同时身体向右转；右手下落，经体前划大弧向后上方提至右耳侧；

练 拳

随即身体左转，并微向前倾，左脚稍向前，脚前掌点地；同时左手经前下划弧按落于左胯旁，手心向下，指尖向前，右手从右耳侧向前下插出；目随右手而动，定势时视前下方。（图 2-326~图 2-329）

图 2-326

图 2-327

图 2-328

图 2-329

137

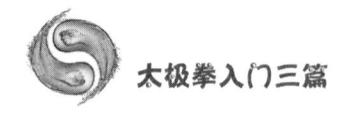

要点：

（1）定势时既不能低头和臀部外凸，也不能呆板笔直，而应该向前随。（图 2-330 为错误动作）

（2）左搂、右插与成左虚步须协调一致，同步完成。老师可用手，让其体验下插的劲道。（图 2-331）

图 2-330

图 2-331

攻防含义： 当对方以左拳击来时，我则以左手搂挡，右手插其裆部（图 2-332、图 2-333）；另一种是以右手抓握其右腕，以左手插其裆部。（图 2-334）

图 2-332　　　　　　　　图 2-333

图 2-334

20. 闪通背

上体稍向右转，左脚向前迈出，脚跟先着地，再过渡到全脚掌，屈膝前弓成左弓步；同时右手边由体前上提边内旋翻掌，屈臂

139

架举于右额前上方，掌心向左上，左手随之提起附于右前臂内侧，经胸前向前推出，高与鼻尖平，手心向前；目先随右手后随左手，定势时平视前方。（图2-335、图2-336）

图2-335

图2-336

要点：

（1）定势时，上体要正直，并做到松腰、沉胯，左臂要做到"曲中求直"，背部肌肉要伸展开。右架与左推形成对拉、对撑的劲道。

（2）右架、左推与弓步要协调一致，同步完成。

攻防含义： 当对方以右拳击来时，我右手抓握其腕，随即上左步并以左掌击其肋，使对方失去重心。（图2-337~图2-339）

图 2-337

图 2-338

图 2-339

21. 转身搬拦捶

（1）上体后坐，身体重心移至右腿，左脚尖内扣，身体向右后转，随即重心再移向左腿，右脚以脚掌为轴扭正；同时右手随转体

边变拳边向右、向下划弧至右腹前,掌心斜向下,左掌上举于左额前,掌心斜向前;目随右手而动。(图 2-340、图 2-341、图 2-341 附图)

图 2-340

图 2-341

图 2-341 附图

(2) 上体继续右转；右拳经左臂内侧划弧向右前方翻转搬压，拳心向上，高度在胸腹之间，左手按落于左胯旁，掌心向下；同时右脚划弧向右前方迈出，脚尖外撇，目随右拳而动。（图 2-342）

(3) 身体重心前移至右腿；左手经左侧向前上方划弧拦出，掌心斜向前；随即左脚经右腿内侧向前迈步并屈膝，同时右拳向右划弧收至右腰侧，拳心向上；目随左手而动。（图 2-343、图 2-344）

(4) 左腿前弓，右腿伸直成左弓步；同时右拳边内旋边向前冲出，拳眼向上，高与胸平，左手附于右前臂内侧；目随右手而动，定势时平视前方。（图 2-345）

图 2-342

图 2-343

图 2-344 　　　　　　　　图 2-345

要点：

（1）收拳、搬拳时含胸，拦掌、冲拳时展胸。虚实含展的变化要与动作合拍。

（2）右肩随冲拳须略向前引伸，沉肩坠肘，右臂微屈，"曲中求直"。老师可冲拳，引导学员体验搬拳、拦掌和冲拳的用法。（图 2-346～图 2-348）

图 2-346 　　　　　　　　图 2-347

图 2-348

攻防含义：当对方以冲拳击我胸腹时，我快速连续做搬、拦、捶的动作，使其失去重心。（图 2-349~图 2-351）

图 2-349 　　　　　　　　图 2-350

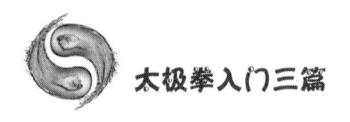

图 2-351

22. 如封似闭

（1）左手由右腕下向前伸出，右拳变掌，两手手心逐渐外旋翻转向上并慢慢分开回收；同时身体后坐，重心移至右腿，左脚尖翘起；目随右手而动。（图 2-352、图 2-353）

图 2-352 　　　　　　图 2-353

练 拳

(2) 两手在胸前翻掌，向下经腹前再向上、向前推出，腕部与肩平；同时左腿前弓，右腿伸直成左弓步；目先随右手而动，定势时平视前方。（图2-354、图2-355）

图 2-354

图 2-355

要点：后坐分掌时，肩、肘部须略向外松开，而两手距离不得大过肩，这叫"肘大开手小开"；不可夹肘直着回抽（图2-356）。老师也可两拳合击其肋，让学员体会"开手"防守，随即"合推"反攻的劲道。（图2-357、图2-358）

147

太极拳入门三篇

图 2-356

图 2-357

图 2-358

攻防含义：当对方以双拳合击我肋部时，我则以两前臂向外开臂以防守，再边弓腿边由下向上、由后向前"合推"之，使其失去重心（图 2-359、图 2-360）。要与"揽雀尾"中"按"的"掀推"用法区别开来。

图 2-359

图 2-360

23. 十字手

（1）右腿屈膝后坐，身体重心移向右腿，左脚尖内扣，同时向右转体，右脚尖随转体稍向外撇，成右侧弓步；右手随转体向右前方平摆划弧，左手稍向外撑，与右臂几乎成侧平举，肘部微屈，掌心分别斜向前和斜向左；目随右手而动。（图 2-361、图 2-362）

图 2-261 　　　　　　　　　图 2-262

(2) 身体重心渐移向左腿，右脚尖内扣并轻轻蹬地向左收回，两脚距离与肩同宽，两腿随即伸直成开立步；同时两手向下经腹前向上划弧交叉合抱于胸前，两臂撑圆，腕略低于肩，右手在外，成十字手，手心均向后；目先随右手而动，定势时平视前方。（图 2-363~图 2-365）

图 2-363 　　　　　　　　　图 2-364

练拳

图 2-365

要点：

（1）两手分开或合抱时，均不可前俯、凸臀。老师可在其身后，以手阻力诱导之。（图 2-366 为错误动作，图 2-367）

（2）移动重心时，要先扣左脚再撇右脚，不可相反；两臂环抱成十字手时，须沉肩坠肘。

图 2-366 　　　　　　　　图 2-367

攻防含义：

（1）当对方以右拳或掌击来时，我先以右臂挡之，随即与左手一起滑向其两腿后侧，向内收紧，同时以右肩向前靠击，使对方向后跌倒。（图2-368~图2-371）

图 2-368

图 2-369

图 2-370

图 2-371

（2）当对方以右拳或掌击来时，我先以右臂化之，随即左手顺着右臂上方插击其喉部；若对方抬臂防之，我即换右手攻之。十字手两手如蛇，可灵活交替攻防。（图 2-372～图 2-374）

图 2-372

图 2-373

图 2-374

24. 收势

两臂内旋并向外翻掌，手心向下，左右分开，与肩同宽，随即两臂徐徐下落，停于身体两侧，手心向内；随即右脚收回至右脚旁；目平视前方。（图 2-375~图 2-377）

图 2-375

图 2-376

图 2-377

要点：与"预备势"相同，唯两掌分开下按时，除全身自然放松外，仍要注意"气沉神领"。

攻防含义：当对方近身挤靠我时，我顺势向下、向后按之，使其前仆。（图2-378~图2-380）

图 2-378

图 2-379

图 2-380

第三节　习练太极拳的四部曲

练习太极拳可分四个阶段：塑形、重劲、求意、雕风。

一、塑形

塑造正确的形体，即是规范，是"形正"。此为初级阶段。我认为"重意不重形"不够全面，应加上"先重形后求意"。因为"形"是基础工程，好比是楼房的根基，倘若地基打得不牢，难建成高楼大厦。俗话说"根基不牢，地动山摇"。

1. 抓好基本功

三抓：抓好脚步与桩功——浑元桩、开合桩、升降桩、弓步桩、虚步桩及半马步桩等。

练习进步、退步、横步，体会点——面——实。

抓好路线——体会弧线运行，运柔落刚。

抓好定势——势正招圆，曲中求直。

先方后圆，圆中有方，方圆结合。

2. 抓好姿势正确

虚领顶劲，含胸拔背，沉肩坠肘，松腰敛臀，尾闾中正（20个字）。

3. 抓好"法正"

手法——处处弧形，运柔落刚，抻肘沉肩，坐腕舒指，曲中求直（20个字）。

步法——迈步似猫，由点及面，轻灵沉稳，足随腰运，松胯圆裆（20个字）。

二、重劲

重视劲力、协调与完整，即为"劲整"。这个"劲"好比是建房子的钢筋、水泥，在支柱和框架"正"的基础上，只有钢筋、水泥质量高，楼房才能坚固牢靠。此为中级阶段。

★连绵劲——运劲如抽丝，势势相承，劲劲相连。

★虚实劲——虚实分明，含展自如，开合有度。

★刚柔劲——柔中寓刚，运柔落刚，饱满圆撑。

★沉灵劲——沉稳中求轻灵，轻灵中见沉稳。

★完整劲——一动百动，一定百定，上下相随，周身一家，手眼身步协调一致。

陈式太极拳还应包括缠丝劲、折叠劲、弹抖劲等。以上均要"外圆内方，圆中有方"，做到四个"由"，即由松入柔，由柔入沉，由方入圆，由正入整。若以上这些要点都能较好地掌握，就能达到内外、上下都完整一气，浑然一体。

三、求意

探求意识、气质、韵味、神采的功夫，即为"意纯"。此为高级阶段。这个"意"好比房子的粉刷及装饰。只有后期的粉刷、装

饰合理与得体，房子才会美观与和谐。

眼神十分重要——一身之戏在于脸，一脸之戏在于眼。"手眼相随"要分清"随眼"与"定眼"，分清何时"手领眼随"，何时"眼领手随"。神要聚，非瞪眼。要做到"势断劲连，劲断意连"。

眼之虚实，表现攻防意识与美的意识，去探求内外合一和形神兼备的境界，去探求"气韵生动"的境界，达到形、劲、意、气的高度统一，进入"吾即太极"之境界。

四、雕风

雕塑个人独特的风格，自成一家，即"风特"。此为顶尖阶段。这个"风"好比房子装修最后的名书、画或饰品等这些特色与细节的安排。特色决定品味，细节决定成功。精雕细刻，去建树各自不同的风格，精心雕塑又不留雕刻之痕迹，显示水上芙蓉自然美的本色。追求高层次、高境界、高品位，追求特色和个性的风格。如：高佳敏的传神派风格；陈思坦的厚重派风格；林秋萍的端庄派风格。

高佳敏
塑造传神派的风格；柔美细腻，拳情并茂

练 拳

陈思坦
塑造厚重派的风格：沉稳饱满，朴实浑厚

林秋萍
塑造端庄派的风格：清柔典雅，会意传神

还有如代林彬、李强、彭荔丽、周斌和黄颖祺等，也都各自有其独特的风格特点。清水出芙蓉，天然去雕饰。

以上四阶段既有区分，又有联系，不能截然分开。明规矩而守规矩，脱规矩而合规矩，从太极拳的"必然王国"走向"自由王国"。

修炼太极拳四个阶段的划分，在教学训练实践中是有其重要意义的。教师、教练和习练者都可以与其对照，对号入座，这就好比中医师为患者号脉一样，毛病在表在里，通过望闻问切，再对症下药。同样的，习练者一练，教师便可看出他（她）当前处于初级、中级或高级阶段，还是处于某两个阶段之间，那么我们给出的指导意见才能量体裁衣，对症下药，避免拔苗助长，避免眉毛胡子一把抓。我一般在一堂课中"纠错不过三，不见成效不松把"。

用 拳

第一节　太极拳是提升生命质量最好的运动

在太极拳《十三势歌》里有这样的表述："详推用意终何在，益寿延年不老春。"这句话阐释了古人对太极拳功效、对生命的理解。追求健康长寿是习练太极拳的根本目的。

太极拳属于生命科学，是一门关于生命质量升华的学问。在这个意义上说，太极拳是最能提升生命质量的运动。

一、"体松""心静""用意"使太极拳成为挑战"三大杀手"的有效武器

近年来的统计表明，在我国，癌症、心血管疾病和脑血管疾病已经成为夺走人们健康与生命的三大主要疾病，故也称"三大杀手"。近20年来，中国每分钟就有6人确诊为癌症，每4~5名死亡

者中，就有一名死于癌症，居死亡之首，也称"头号杀手"。如果我们的体内细胞长期生存在缺氧的内环境中，就容易发生癌变。而打太极拳时要求做深呼吸、腹式呼吸，这就使细胞处于有氧状态，所以太极拳是有效的防癌手段之一。我们要把肿瘤拴在健康生活方式和太极拳的"围栏"里。

而有关资料称，我国患心血管疾病者至少2.3亿人，心肌梗塞患者约200万人，心力衰竭患者约420万人，估计每10秒钟就有1人死于心血管病。

我国还是脑卒中高发国，每年死于脑血管病的约150万人，每年新发脑卒中者约200万人，存活而引起行为障碍者约700万人。

习练太极拳强调"松静为本""用意不用拙力"。练拳可使大脑的毛细血管大量开放，保证了脑组织的供血和大脑的健康，被誉为"大脑皮质的体操"。美国科学家发表了"太极拳可以防止中风和老年痴呆症"的论文。

从打拳技理的层面讲，练习太极拳首先要注重"松""静"自然两大要素，逐步做到"以意导动""以意导气"，这样就能很快"得气"，正确运用意念，能促进太极拳运动的身心效应。

法国名医卞萨尼斯说过："人与动脉同寿。"由于太极拳保持动脉血管的弹性和血流的畅通，所以有人把太极拳比喻为"动脉血管的保护神"。

还有，通过人体心电测试研究得出，长期练习太极拳的人，练拳30分钟后，心脏功能改进有效率达86.6%，初学练拳者也有改善，达62.5%。因练习太极拳能使毛细血管血流量增加，微循环改善，血脂下降。我国科技人员中患高脂血症者占69.9%，而练太极拳的科技人员患高脂血症者仅占25%。同时，打拳时意带气通、血通，利于血液循环，尤其是微循环，所以也是防癌和辅助治疗癌症的重要手段。这方面例子不胜枚举。由此，太极拳在

挑战癌症、心血管、脑血管疾病这"三大杀手"方面的作用是显而易见的。

二、"腰为中轴"和"虚实含展",利于改善经络循环

太极拳十分讲究"命意源头在腰隙""刻刻留心在腰间"。太极拳强调内中轴引动腰脊(外中轴),再依次带动四肢,使人体进行螺旋的运动方式。

1. 能增强骨的新陈代谢,改善经络循环;
2. 能增强柔韧性、协调性和力量,还能使皮肤变得更富弹性和光泽性;
3. 能使五脏六腑起到很好的自我按摩作用,同时提高肠胃的蠕动,增强消化和吸收的能力。

打拳时要关注旋腰转胯，缠绕折叠，在似"行云流水""春蚕吐丝"的圆弧运动中增强气血回流全身的作用。

三、以意导气，气沉丹田，调节三大系统功能

太极拳用意念引导动作，引导呼吸，使之形成"三慢"，即慢动作、慢呼吸、慢节奏。这"三慢"利于"气沉丹田"，以腹式呼吸为主，膈肌活动幅度加大，肺换气量相应提高。有人做过研究，膈肌每下降1厘米可增加气量300毫升。肺活量增大，利于调节呼吸系统的功能，促进胸腔和腹腔的血液循环，增强肠胃的消化能力。

习练太极拳注重"以意导气""气沉丹田"，则使内气充盈，再运行至十二条经脉，对应了中医表述的"意到则气到，气到则血行，血行则病不生"的观点。这里所指的"气"，是一种能量——使人体各器官正常发挥功能的原动力，也可以理解为"液体压力波"——能与血脉共振。太极拳的"松""静"，利于"行气"，改善血液循环。特别是太极拳强调"气沉丹田"，即是呼吸深、长、匀、细，以腹式呼吸为主，这与年老易气血上浮、易摔跤形成对抗，也就是同衰老对抗。古代养生学家认为："呼气入脐，寿与天齐。"太极拳运动时的呼吸就是养生学家提倡的腹式呼吸、逆式呼吸（呼气时小腹"鼓荡"），所以利于健康长寿。

习拳中还要求舌抵上腭，此时津液频生，徐徐送入丹田，能助消化，能养颜，即人体从"耗能"状态转至"贮能"状态，生命的能量消耗减少，对人体起到"节省化"的作用，故能延缓衰老，延年益寿。

太极拳强调"气沉丹田"和"丹田鼓荡",就能激发腹腔神经丛的内脏调节功能。可见太极拳无论对大脑还是腹腔,都有良好的保健作用。

四、桩功及单腿支撑,提高平衡能力

太极拳练习通常在半蹲位下进行,加上反复习练习桩功和"金鸡独立"等单腿支撑的动作,就能有效地发展下肢的力量和控制力,增强平衡能力。

美国科学家发表的有关太极拳论文中"中国太极拳能有效地防止和减少老年人摔跤"的结论,有力支持了太极拳能提高人体平衡力的论点。

2012年6月,中国首位女航天员刘洋在"天宫一号"上打太极拳。人类首次将太极拳这一科学的运动带入让人失重状态的太空,也证明太极拳在健身、调心和增强平衡能力方面,具有无与伦比的功效。

五、"意守""气敛""神舒",太极拳能促进心理健康

太极拳是高品位的文化拳,有着丰富的文化内涵和科学内涵。

练拳时要求"意守""气敛"和"神舒",就能把道家的"道法自然"的辩证思想与儒家的"中庸之道"处世哲学融为一体,把自己融入"太极世界"之中。

太极拳注重"意、气、神"的锻炼,既强化了交感神经和第一心脏的主循环,也调动了迷走神经,形成了良性动态平衡,中医上则称为阴阳平衡。

太极拳动作松柔圆活,排除杂念,追求"虚""无"的意境,配上悦耳的乐曲,可使大脑产生持久快乐的"内啡肽"物质,使大脑产生舒松愉悦的电波,净化精神,净化大脑,从而也对"心因性"疾病起到心理疏导与辅助治疗的作用。

所以从某种意义上说,太极拳"松、静"是基础,"通"是目

的，能"松"能"静"才能"通"，达到气血通畅。养生家讲："气血不和百病生。"而太极拳的关键就是习练"和"字、"通"字。也可以说习练太极拳就是练"松、静、通"，进而练好"精、气、神"。太极拳从有形到无形，都能彰显出它的活力、张力、包容力和亲和力，彰显太极拳的精气神。

总而言之，太极拳这一科学的运动对改善神经系统、心血管系统、呼吸系统、内分泌系统及运动系统等方面都有良好的作用。太极拳集健身、修身、医身、乐身和防身于一体，融哲学、力学、中医学、兵学和美学于一炉，成为21世纪最受欢迎的一项运动。徐才先生把太极拳称为"未来体育的一束熠熠之光"是很有道理的。事实将不断证明，太极拳是最能提升和优化人们生活质量的运动。让我们把健康和长寿的钥匙牢牢地掌握在自己的手中。"我命在我不在天，太极健康乐百年"，这应该就是我们所追求的"太极梦"吧。

第二节　太极拳在功防技击上的特点与范例

一、太极拳在攻防技击上的特点

太极拳是武术运动中的一个重要项目，而且是当今流传最为广泛的武术项目。武术运动的特点不仅有健身性、竞技性、艺术性，而且还有攻防技击性。太极拳既然作为武术运动的一项，也不例外地具备以上特点。杨式太极拳一代宗师杨澄甫就出过一本书，叫《太极拳体用全书》，"用"讲的就是攻防实用。还有许多太极拳著作都对太极拳的攻防技击特点作了很好的诠释。

太极拳在外形上柔和、缓慢、圆活、连贯，势势相承、连绵不断。而在内在的劲道上，则讲究"粘、连、黏、随"和"以静制动"，"化而后发"，外柔而内刚。既不能用拙力顶抗，也不能软塌无力，要做到柔而不软，松而不懈，刚而不僵。

要学习和体验太极拳的攻防技击特点，就要学会太极推手。首先学习单推手，双推手，再学习"四正手"，体验掤、捋、挤、按、采、挒、肘、靠这8种主要方法，俗称"八法"。在2013年12月召开的"全国太极拳推手研讨会"上，中国武术管理中心副主任陈国荣指出："太极拳推手要以八法为基础，按太极拳攻防技击的规律办事。"他还要求"要把太极拳推手搞成健康的、技巧的、高雅的、功力的和文明的运动"。

我们知道，每个拳种都有自己独特的攻防技击特色。如果把长拳的攻防特点概括为"以快制刚"的话，南拳在攻防上则讲究"以刚制刚"，那么太极拳在攻防上则遵循"以柔克刚"。这就是人们常比喻的"牵动四两拨千斤"。

这里要谈一谈"牵动四两拨千斤"的问题。人们常常会问："四两"怎么能拨"千斤"呢？首先这是个形象的比喻，不是说真正的"四两"对"千斤"，主要是指小力可以制大力，能以小制大，以巧取胜的意思。其次，不要忽视"牵动"和"拨"三个字的作用。要在接手时用"听劲"，触觉到对方的重心，以灵活的步法来"牵动"对方的重心，再以柔活的手法来"拨"转对方的来力，再

配以圆活的身法，以杠杆等力学的原理来运作，就能达到"牵动四两拨千斤"的目的。

要实施好"牵动四两拨千斤"的方法，我们总结了三个"见"和三个"以"。"三见"就是"见力借力，见力化力，见力打力"；"三以"就是"以圆破直，以变制随，以柔克刚"。遇见对方来力，首先要以柔和的、向外膨胀的力量掤接对手的来力，再顺势化开，并以自己的步子进到对方前腿的内侧或外侧，以圆活旋转来"牵动"对方，而后见力打力，并迎着对方的力来"拨"转，就能导致对方前俯或后仰而失重。太极拳拳谚讲："化即是打，打即是化。""化"是具有防守和消解对方的双重含义。在太极推手时，高手往往能做到"得机得势"，能化被动为主动，能边防边攻，边化边打，做到化即是打。这就是说，太极拳运动要把防守和进攻巧妙地、完美地融为一体，并辨证地统一起来，这叫"化打合一"。有时候练习中能以守为攻，甚至将自己置于形式上的被动状态，来获得本质上的主动，在于通过螺旋、缠绕以改变对手的力点和方向，使其用劲无着落，落空了，然后再及时地转为主动进攻，这就是太极拳巧妙的"引进落空"和"化而后发"的功夫。

太极拳上善若水，具有水的属性的表现，能够随机应变，敌变我变，敌变我"随"而克敌制胜。要练出这样巧妙的功夫，必须经常带着"敌"情来做动作，带着攻防意识来练，并且先要老师来"喂招"，慢动作地让学员体验攻防的招法。

这里特别强调，一定要用轻柔的力量来体验，以避免"较劲"，避免硬顶硬抗而导致不必要的外伤。

只要能带着攻防的意识来练功，就能避免软塌无力，就能与体操和舞蹈的动作区别开来，才能打出太极拳的风格特点，打出太极拳的精气神。

二、怎么能够体验到"粘连黏随，不丢不顶"呢？

我们认为做一做"揉手"练习十分必要。"揉手"可分为"单揉手"和"双揉手"。

1. 单揉手

（1）预备势：甲、乙均右脚在前，身体重心落于左腿上，成右虚步；双方右手腕处相搭，掌心斜向后，成右搭手，左手按于左胯旁；甲、乙目光对视。（图 3-1）

注：图中男性为甲，女性为乙。下同。

图 3-1

(2) 甲攻乙防：甲重心前移，右腿屈膝，左腿伸直成右弓步；同时右臂边内旋边翻腕向前推，按乙方右肩，右掌仍按于胯旁；目视乙的右肩方向。乙身体后坐，腰带上体右转；同时右臂外旋，右腕向右引带，左掌按掌随之前移；目视右侧方向。（图3-2）

(3) 乙攻甲防：乙重心前移，右腿屈膝，左腿伸直成右弓步；同时右臂边内旋边翻腕向前推按甲方右肩；目视甲的右肩方向。甲身体后坐，腰带上体右转；同时右臂自然下落，左掌按掌随之前移；目视右侧方向。（图3-3）

图 3-2 　　　　　　　　图 3-3

要点：

(1) 双方揉手时，相搭之手要互相"粘"住，"随"之做螺旋式的弧形运动。既不可对顶，又不可丢脱，做到粘随不脱。这样来往循环，周而复始，以提高听劲能力，以更好领悟"引进落空合即出，粘连黏随不丢顶。"

（2）防守一方可以用手臂外旋，以腕引带防之；也可以自然下落以随之。关键是以腰为轴心，须"刻刻留心在腰间"。

（3）左手"揉"推，动作相同，唯方向相反。

2. 双揉手

（1）预备势：甲、乙均右脚在前，重心落于左腿上，成右虚步；双方右手掌搭于其左肘外侧，左臂自然举于体前；甲、乙目光对视。（图3-4）

图3-4

（2）右攻左防：甲、乙均重心前移，右腿屈膝，左腿伸直成右弓步；同时双方均右掌边内旋边沿对方左臂内侧，向前推按其左肩；同时上体左转，以腰带左臂回收，左掌仍附于对方右臂外侧；目视对方左肩方向。（图3-5）

（3）左攻右防：乙左掌沿甲右臂内侧向前推按甲的右肩。甲身

体后坐，同时上体右转，以腰带右臂下落，目随之视右侧方。同时甲左掌沿乙右臂内侧，向前推按乙的右肩；乙则上体右转，以腰带右臂屈肘回收，仍附甲左臂外侧，目随右侧方。（图3-6）

图 3-5　　　　　　　　　　图 3-6

要点：同单揉手，不同的是注意防守之手的配合。

三、太极拳在攻防技击中的范例

这里举"白鹤亮翅"动作为例。在讲该动作时讲过挒劲，实际上起码有三种用法：

1. 防守用法：当对手以右踢腿同时冲左拳对我上下齐攻时，我速收左脚成左丁步，同时右臂以右掌右上架挡开其左冲拳，左前臂下拨挡其右踢腿，目随左下方。（图3-7、图3-8）

图 3-7 　　　　　　　　　　　图 3-8

2. 挑挒进攻：当对手以右冲拳攻我时，我以左手擒抓其右腕，随即上右步置于其右腿侧后方，右手划弧向左前方卡其右上臂，随即右转体向我的右后方挑挒，使对手前仆。（图 3-9~图 3-11）

图 3-9 　　　　　　　　　　　图 3-10

175

图 3-11

3. 敌变我变：当我欲挑捯进攻时，对手重心下沉以抗之，我则迅速以变制之，改变用力方向以"挤"劲，将对手击出。（图 3-12、图 3-13）

图 3-12 　　　　　　　　　图 3-13

用 拳

第三节　预防膝关节疼痛七招

近年来，不少拳友反映，打太极拳之后有时会觉得膝关节疼痛，这是为什么呢？我告诉这些拳友，首先应该认识到膝关节疼痛不是太极拳的过错。太极拳是科学的拳，也应该科学地去练。我个人练太极拳已整整60年（从12岁起至72岁），都没有膝关节疼痛，我带出的几位太极拳世界及国际赛冠军高佳敏、陈思坦、林秋萍、彭荔丽等也没有膝关节疼痛的问题。这充分说明，只要科学地练太极拳，是可以预防膝关节损伤的。话又说回来，打太极拳确实下肢承重量大，尤其经常一条腿支撑体重，膝关节的负荷量很重，是容易引起膝关节疼的。大家知道，膝关节是下肢活动的枢纽，保持膝关节的健康，是正常练拳的需要。而膝关节损伤，多表现为膝关节间隙压疼、半蹲位疼、关节肿胀、内（外）侧副韧带扭伤及关节腔积水等等。膝关节疼痛会大大影响拳友练拳的质量和兴趣。所以，我们拳友应该对膝关节予以特别的关注，来预防膝关节的疼痛。

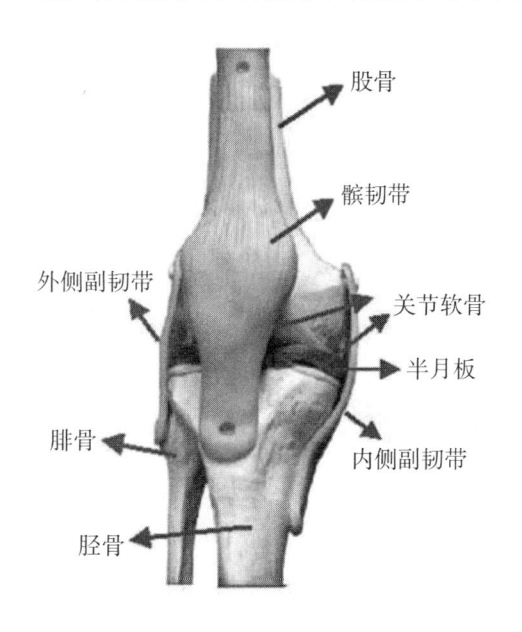

根据我个人练习和太极拳教学中的经验，有这么几招可以预防膝关节痛。

177

一、打套路前，要做充分的热身运动

当前的情况是，许多拳友没有认识到热身运动（也叫暖身运动、热身功、准备活动等）的重要性，脱了外衣就上场打拳套。此时全身的肌肉、关节、韧带以及神经系统、内脏器官都没进入运动状态，这不仅发挥不出最佳水平，而且很容易造成伤害事故，首当其冲的就是负荷量重的膝关节。如同我们开飞机、汽车之前一定要让发动机预热一会儿，还如同歌手唱歌前一般都有前奏，让他自己和听众都有一个进入状态的过程。在做热身运动时，要注意从上到下各关节都要活动开，幅度和力量可以由小到大，特别注重膝关节的活动。这一般需要热身10~15分钟，使身上微微发热或微微出汗为佳，这个热身运动的环节是不可或缺的。

二、动作要正确、规范

正确的下肢动作是膝盖和脚尖方向要正相对，可是有些拳友练拳时往往膝盖超脚尖，这就造成膝关节承重过大。还有正确的动作要领要靠腰来带动上下肢运转，可是有的拳友却以膝盖来带动动作，运转的过程中，往往膝关节过分外张或内扣，这就造成了膝关节外侧或内侧韧带不合理的抻拉。这些动作在整套

练习中不知要重复出现多少次,这怎么能不引起膝关节损伤呢?还有些拳友在练习陈式太极拳震脚时就在水泥地或石板地上用力动作,这也是引起脚后跟和膝盖疼痛的一个原因。即使在地板上或土地上练震脚动作,也应注意不要连续多次地练,有时候也可不发力地做"震脚"动作。

三、套与套练习之间一定要放松一下

我们发现不少太极拳晨练的队伍,放录音机就起到教练员的作用,收录机一套接一套地放乐曲,拳友们就一套紧接着一套练,一口气练完七八套,导致腿部肌肉持续紧张,膝关节持续过度的负担,这也是引起膝关节疼痛的重要原因。所以应该强调打完一套后,一定要放松一下,常用的方法就是用双手手掌拍打膝关节两侧和抖动大腿股四头肌。这里我建议可以用两种办法解决这一问题:一是让太极拳晨练辅导站的站长或者教练员指挥广大拳友,在练完一套后做拍打放松活动;二是在乐曲中加上"热身活动"或"准备活动"的口令,一套与另一套之间加上"拍一拍膝关节,抖一抖大腿"这样的口令,如此把乐曲磁带制作好,就能让它起到教练员的作用了。

四、练习完毕要做整理活动

就是说一堂课或整套练习后要做充分的整理活动,常用的方法就是抖动大腿肌肉,揉一揉膝关节周围的肌腱、韧带,由轻到重地做几下拍打,还可以甩动小腿或跳简单的舞蹈等等,目的是使肌肉关节和内脏器官都能充分地放松,让身体恢复到练习前的状态。

五、负荷量需循序渐进，因人而异

每次练习的负荷量要因人而异，包括架子的高低、练习的数量和强度，都要根据自己的情况来确定，做到量体裁衣，如老年人练拳可以架子高些，不能一味求低。循序渐进，就是由易到难，由少到多，不可以一上来就模仿优秀选手或老拳师的做法。在下肢肌力不足的情况下，就低架子习拳，造成膝关节负担过重，也是造成膝关节损伤的原因之一。所以拳架高低要适中，练习数量和强度要适量，这也是保护膝关节的一个措施。如没有参加太极拳比赛的考量，打拳时完全可以架子高一些。我到日本讲学交流20多次，发现日本拳友很少有膝关节疼痛的现象，这可能与他们打拳时步幅较小、架式较高密切相关。

六、常练桩功，增强膝关节周边肌肉和韧带的力量

过去太极拳老前辈没有听说哪位有膝盖痛的问题，首先应归功于他们比较重视腰腿的基本功训练，特别是桩功的练习，能有效地增强股四头肌及膝关节周边肌肉、韧带的力量，起到保护膝关节的作用。科学的方法是站桩每次的时间短些，练习的组别多些，这叫"短站多组法"，也叫"站活桩"。现

在有些拳友不注重基本功的练习，一开始就直接打套路，这也是造成膝关节疼痛的原因。

七、沐浴后放松按摩

每天结束练习，在沐浴之后应做些放松按摩，如大小腿部、腰部、手臂部等，其中应特别重视膝关节的按摩。可两掌或十指围绕膝关节周围按摩，重点按揉膝前区、髌韧带、下侧凹陷中的两个"犊鼻穴"，约5分钟。再按阳陵泉穴（小腿外侧，腓骨头前下方凹陷中）和阴陵泉（在小腿内侧，胫骨内侧髁下缘于胫骨内侧缘之间的凹陷中）各按揉5~10分钟，就能有效地预防膝关节疼痛。还有，如有痛点，就重点按揉痛点处，这也叫按摩"阿是穴"。

膝关节疼痛有些是慢性劳损或受寒湿侵袭引起的，所以进行经穴按摩十分重要，这可以自我按摩，也可以由别人帮助按摩。用点按手法以除湿散寒，用推滚手法以舒筋活血，用揉摇手法以滑利关节。对膝关节进行按摩，特别是经穴按摩，是防治膝关节疼痛的有效方法。

广大拳友按照以上总结的这几招去做，就不会发生膝关节疼痛的现象。即使个别人有点痛，按照这几招做了之后，就会很快地缓解或者消失。当然，如果膝关节痛是因缺钙和骨质疏松引起的，就要适当地补钙了。

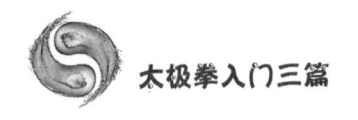

综上所述，引起膝关节疼痛的因素可能是多种的，因此，我们防治膝关节疼痛的措施也应该是多样的，要进行"综合防治"，这样才能提高效果。

这里要说明的是，有些拳友初练完拳后腿部会有酸痛的现象，这是正常的反应，是由于乳酸积累造成的，过2~3天就会消失。这种正常反应，应该与膝关节疼痛区分开来。

附篇　名家答疑

近年来，记者多次采访曾乃梁先生，让他回答拳友的一些提问，现摘编如下。

一、如何看待传统武术与新创套路之间的关系？

答：在泰州国际武术交流大赛上，记者采访了"全国十大武术名师"，曾培养出了林秋萍、陈思坦、高佳敏等太极拳冠军，有着冠军教练之称的曾乃梁先生。退休以后的曾乃梁仍然活跃在武术界，还创编出"六手太极功"等群众喜闻乐见的新编太极拳套路。除此之外，他还经常参加国内举办的各种武术活动，这次就是应邀来泰州担任国际武术交流大赛总裁判长的。

"创新，是武术发展的根本。"

谈起中国武术，曾乃梁先生情有独钟。他说，武术本来就是扎根于民间，扎根在中国五千年的文化沃土上的，因此，武术具有很强的民族性，在群众中有着

广泛的基础。

"我参加过许多民间举办的武术活动,这次到泰州来,深切地感受到人们对传统武术的热情。人们都非常重视传统武术,希望能继承老前辈们传下来的东西,这是很重要的。但是,另一方面,我认为人们对武术的创新还认识不够。"

说到武术的创新,曾乃梁回顾了太极拳发展的历史。太极拳只有300多年的历史,它本身就是中国武术发展、创新的结果,而太极拳的发展,也是在不断创新,由陈式太极拳,繁衍出杨式太极拳、吴式太极拳、武式太极拳、孙式太极拳等流派。"那些认为祖宗的东西不能动,越老的东西越好,动了老祖宗的东西就是欺师灭祖等观点是错误的,是阻碍中国武术发展的。创新,是武术发展的根本。"

在武术的创新方面,特别是太极拳的创新方面,24式太极拳的推出,功不可没,为太极拳在国内外的普及做出了巨大的贡献。

"创新不仅仅是武术名家、武术专家的事,也是广大武术爱好者的事——广大武术爱好者也完全可以根据自己的需要,创编出太极拳套路。因此,首先是要解放思想,打破禁锢。现在,民间武术界对继承传统没有什么异议,但是,在创新方面,还没能达成共识。"

"武术要发展,这要紧扣时代主题。"

"时代的主题是什么?每个人有每个人的看法。我认为,在现代社会,武术的搏击功能已经退居到次要的地位,而武术的修身养性、健体强身的功能已跃居首位。健康,是人类社会一个永恒的主题。在现代社会,随着生活水平的提高,人们更加追求健康长寿、追求生活质量的提高。所以,我认为,人类的健康是时代的主题。"曾乃梁说。

"太极拳的发展,就是适应社会的健身需求,而不断创编出新的套路，形成新的流派。"曾乃梁说，杨式太极拳就是为了适应王公贵族、知识分子的健身需求，而去除陈式太极拳中的高难动作，逐渐发展起来的。新中国成立以后，为了群众的健身运动和竞赛，国家组织专家创编了许多太极拳、太极剑套路，现在还出现了太极扇等套路，这些套路是流传最为广泛的套路。这就说明了一点：健体强身已经是当今社会的主题。当然，在创新时要时刻不忘继承传统，吸取传统武术的精华，再融入科学性、时代性，这样的创新就不会是无源之水，无本之本。

"武术发展是要两条腿走路。"

"除了健身武术外，还有竞技武术。中国武术的发展，要两条腿走路。"曾乃梁又谈起了竞技武术。毕竟从事了几十年专业武术工作，培养了许多武术冠军，他对竞技武术感情很深。

"竞技武术追求高难新美，目标是进入奥运会，这也是国家的总体战略。竞技武术的发展，能够带动整个武术的发展，竞技武术的发展也需要创新。2007年新春文艺晚会上的太极拳表演《行云流水》就体现出了竞技武术的很高水准，非常优美，深受欢迎。可是竞技武术的根还是在传统武术上。所以武术的发展离不开传统武术的发展。"

话题又转到了这次泰州国际武术大赛。"发展传统武术，完全靠国家投资是不现实的，民间武术人士应该团结起来，共同促进武术的发展。像泰州这样的民间组织的武术活动，对发展传统武术具有很好的作用。众人拾柴火焰高，民间武术这条腿，要靠我们大家的力量来支持。"

最后，曾乃梁先生不无忧虑地说：柔道、跆拳道、相扑都源自中国武术，可是经过日本、韩国的改编，就成了他们自己国家的体育项目，还推向了世界，这是值得我们深思的。

"怎么才能更好地发挥我们的优势，把中国武术发扬光大，这

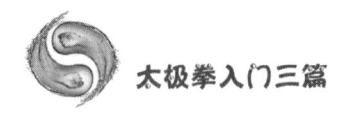

应该是一个大的课题。"

二、如何理解太极拳的掤劲？

答：掤劲实际是一种弹性劲力，也可以叫弹簧劲，或者叫活劲，它是由内往外的一种力量，有向外膨胀、撑圆的意念和含义。它是一种把肢体放松、放长后产生的弹性劲力。

具体来说，"掤在两臂"。掤劲是在手臂上体现出来的。另外，掤，既是一种劲力，又是一种技法。太极拳有八法，掤、捋、挤、按、采、挒、肘、靠。在八法当中，掤是最基本的，也是最主要的、最重要的技法。这是由于太极拳的一招一式中，都要充满掤劲，在"捋挤按采挒肘靠"等技法当中，都含有掤的元素。所以掤是无处不在的。有人把太极拳称作掤拳，就是这个道理。从文化层面说，人们称太极拳为哲拳，因为它充满了哲理，充满了阴阳虚实的变化。同时，太极拳又讲掤劲，也叫掤劲拳。掤劲是充满太极拳的始终的。比如捋劲，是从外向内、从上向下的劲力，但是，它也要有掤劲。挤劲，是两手交叉向前的劲力，也要有掤劲。按劲是化开对方力量后由下向上进攻对方的劲力，也是一种掤劲。采劲是向

左右、向下的劲力，也是一种掤劲。捯劲是向侧面发的劲力，也离不开掤劲。肘、靠是肘部和肩部的掤劲。所以太极拳八法，都离不开掤劲，掤劲贯穿太极拳始终。所以说，掤是太极拳最基本、最重要的劲力和技法。

在练习太极拳当中，容易出现两个毛病，一个是缺少掤劲，就是软塌无力的现象，这是对太极拳的一种误解。太极拳是行云流水，柔而不软。如果是软，就错了。另一种是僵硬，太极拳应该是刚而不僵的。这种僵劲，在推手当中很容易变成一种顶抗的劲力。顶抗和掤劲有什么区别？掤劲不是顶抗，它是灵活的，遇到对方的力量，不是对抗，而是化开，化而后发。掤是一种弹性力，是随着对方的劲力而变化的。所以，掤劲不能是僵硬的，更不能成为顶抗。

要练习好掤劲，我认为要做到以下五点。

首先，要立身中正，身备五弓。太极拳要求中正安舒，就是身体要保持自然的正直状态，要虚领顶劲，沉肩坠肘，含胸拔背。我们的传统文化讲，做人要一身正气，孟子说要养浩然之气。太极拳是传统文化的一部分，所以也要讲中正，在中正的基础上，要做到"一身备五弓"。五弓是指在放松的状态下，躯干、两臂、两腿形成弓形的蓄劲待发的状态。身备五弓，就能很好地体现出"力由脊发"的要求，这样才能做好掤劲。

其次，要节节贯穿。力达梢节。拳论讲："其根在脚，发于

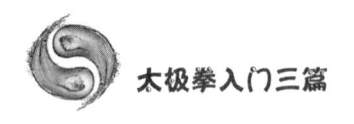

腿，主宰于腰，形于手指。"用现代语言来说，就是脚蹬地，通过踝、膝、胯、腰、肩、肘、手七个环节的传递，将劲力从手发放出去。所谓的"力达梢节"，不仅仅指手、脚、膝盖、肘等部位都可以发力，还要求劲力的运行要节节贯穿，最后达到梢节，形成整劲儿。做到这一点，就要做到"曲中求直"，做到"曲中求直"，才能做到"饱满圆撑"，才能产生掤劲。所以太极拳的动作都是微微弯曲，有一种向外撑的劲力。

其三，腰为主宰，梢节领劲。这两点要求是相辅相成的。腰为主宰，就是意念先引导腰，一动要腰先动，再带动四肢，这样力量才能够协调。虽然是腰带动四肢，但是手脚又不是完全被动的，有时候是要梢节领劲。譬如，"揽雀尾"中的按，两手前按的力量要与腰脊后撑的力量相协调，这样才能体现掤劲饱满圆撑。又如掤完后接捋，手要微微向前，有一个引领的作用，然后再捋，这样就能形成对拉拔长的掤劲，这种对拉拔长对身体健康是非常有利的。我们编的"拉筋拍打功"就是为了拉长伸展关节韧带，保健养生。太极拳的掤劲，也是在这种对拉拔长的运动中产生的。许多动作都要求对拉拔长。对拉拔长就是拉筋，就是掤劲。所以，做好掤劲，既要注意腰为主宰，又要注意梢节领劲，这样就能产生一种对拉拔长的效果，从而产生掤劲。

其四，饱满圆撑，螺旋运转。太极拳处处都有螺旋劲，处处都有阴阳，阴阳就体现在螺旋运转上。比如冲拳动作，就是螺旋着向前发出的，像子弹一样。这种螺旋动作，能够锻炼肢体的经络。太极拳的动作，都是螺旋运行的弧线。在做螺旋运动时，要注意"饱满圆撑"，也就是要有"左顾右盼"的动作转换。我们在做动作时，往往忽略了左顾右盼。比如做"撇身捶"，左手要先左引，再向右划弧，然后再左转中定。许多人做这个动作时往往忽略了左引，我把这个现象叫"缺左现象"。没有这个"左顾"转折，动作就不饱满。"饱满圆撑"并不是架子拉得越大越好,而是能够做到"左顾、右盼、中定",这样才能支撑八面,饱满圆撑。

其五,神聚气敛,运柔成刚。"神聚气敛"是在做好前面四个要领的基础上,把神气内敛,内气鼓荡。拳论讲:"神宜内敛,气宜鼓荡。"这两者是相辅相成的。"运柔成刚"是要求运行的过程要柔和,落点则要有沉刚的顿挫,要沉腕舒指。这也叫作"柔行气,刚落点"。

我以为,把以上五个方面做好了,就能够把掤劲表现得淋漓尽致。练习太极拳,要做到协调、完整、和谐。也就是要由内而外,上下相合,周身一家,这样自然能把掤劲表现出来。不要把掤劲看成是一种表面的劲力,它是从内向外的。我们练习掤劲,是从外形开始练,外形动作熟练了,再向内练,要"由松入柔,由柔入沉,由方入圆,由正入整",把形、劲、气、意四方面合为一体,协调一致,这样掤劲就能表现得非常到位。

三、太极拳的"捋"和"采"有什么区别?

答:捋是捋带,采是抓采,捋和采都是太极拳的基本技法。我们经常讲太极拳有八法五步,统称为十三势,其中"掤捋挤按采挒肘靠"这八种技法是太极拳的基本技法,而"进退顾盼定",则是太极拳的步法和眼法。

"捋",是太极拳中常用的技法。什么叫捋?捋是臂

呈弧形，多用双手掤接对方一只手臂，然后前手内旋，后手外旋，向自己的侧后方弧形捋带。在实际运用当中，多是用前手管住对方肘部，后手管住对方的腕部，向侧后或侧下捋带。这个技法的重点是体现捋带，多数用在顺手牵羊的时候。比如对方的拳或掌打来，我身体微微侧转，用双手向侧后或侧下，借力引带。"采"这个技法，多是向侧下方抓采，一般是抓握对方的腕或者前臂，向下采带。它的特点是有抓采的动作。

"捋"和"采"的区别是：捋是捋带，采是抓采。在练习当中，这两个技法容易混淆，比如捋的时候变成了抓采，或者是采的时候变成捋带，这些都是劲法、技法的错误。之所以容易混淆，是由于捋和采有个共同点，就是都要破坏对方的重心，使对方向前跌仆。另外，从八卦角度看，捋是四正范围，属于四正手；采是四隅范围，属于四隅手。

太极拳的八法如何练习好呢？下面我重点讲讲捋的练习方法。通过对捋的练习，读者可以举一反三，掌握太极拳其他技法的练习。

无论是国家统编套路，还是传统太极拳套路，拳式动作中捋的动作是非常普遍的，所以练好捋这个手法是非常重要的。

如何练好"捋"呢？首先是要手、眼、身、步协调配合，腰带手领。在练习太极拳时，人们一般重视的是手上的动作，实际上在练习和使用时，捋不仅仅是手的动作，还有身法、步法的配合问题。太极拳的劲力是一个完整的劲力，动作特点是协调、完整，因此，我们在做向侧后的捋带动作时，就不能只是手上的动作，而是身体要配合后坐，还要转腰，这是步法和身法的配合。比如向左后捋带时，就要左腿后坐，向左转腰，要以腰为轴，腰带手领；同时眼神还要配合，这样才能把这个动作做好，做到动作美观、实用。如果只是用手捋带，那就是局部力量，不是身体的整体协调力量，也就不会取得比较好的效果。因此，做捋的动作，手必须与身法、步法、眼法协调配合。

其次，要"欲左先右，欲右先左"，有一个折叠转换，体现了动作角度的变化，在变化中表现出太极拳的神韵。这样的变化，更有艺术性，也更能体现太极拳的韵味。这样的动作比较圆润，没有棱角。具体的做法就是在做捋的动作之前，要先向反方向微微转动，比如做左捋的动作时，要在掤的基础上，先微微右转，然后再向左侧下捋。在实际应用上，这种微微地向反方向转动，也能够更好地管住对方的手腕。

再次，要在步法中有半马步过渡。在初学者当中，做捋这个动作时普遍有一个毛病，比如做掤时是弓步，接着做捋，变成虚步，中间缺少一个半马步的过渡。这个半马步的过渡很重要，我一直强调这一点。在做其他的动作时，比如挤，也要有一个半马步的过渡。半马步过渡，体现了中间力量的过渡转换，能够使劲力节节贯串，一气呵成。

第四，要单练和双练相结合。第一步可以单独练习左、右捋的动作，要反复练习，体会劲力点的变化。练习时，要注意动作要领。第二步，在捋的动作熟练掌握后，再把捋和掤、挤、按结合起来练习。在练习的时候要假设有对手，面前无人似有人。第三步是双人练习，可以相互喂劲，体会捋的动作方法和劲力。第四步是双人四正推手练习。四正推手很重要，可以提高练习者的兴趣，体验

攻防技击的方法。第五步是双人转身大捋推手练习,这个练习主要是体验捋和挤、靠的劲力方法,在练习中,一方捋采,一方挤靠,同时还有步法的变化。

以上是捋的练习方法。太极拳其他技法的练习,比如采、挒、肘、靠等,也可以参照这种方法进行练习。在套路中很少有单独的采的动作,可以单独练习一些采的用法。

现在,太极拳的普及推广从总体上来说做得很好,特别是在中老年人群当中做得更好了。但是,社会上有一个误区,认为太极拳是老年人练习的东西,青年人练习的很少。我们应该打破这个观念,在年轻人当中普及太极拳。年轻人练习太极拳的人少,除了工作忙外,更主要的是观念的问题,还有套路太长,学起来比较难。我正在考虑进行单个动作的教学,比如单独练习左右独立、左右蹬脚,还有单个捋、采、肘、靠等技法的练习,然后再加上按摩,跟防治疾病和养生保健结合起来,以便吸引更多的年轻人参加太极拳锻炼。

四、如何做到下盘稳固?

答:练习太极拳,下肢的稳定性非常重要。只有下肢稳定,太极拳才能打得既沉稳,又轻灵,才能做到节节贯串,圆活连贯。这些,都是以下肢的稳定作为基础的。

做到下肢稳定,上肢轻灵,我认为要注意以下三点:一是套路练习与桩功相结合,二是做好动作与意气相结合,三是做好双腿支撑平衡和单腿支撑平衡相结合。

1. 套路与桩功相结合

桩功是太极拳的基础,是太极拳重要的基本功。没有桩功基础，练习太极拳尽管年头很长，也会让人感到脚下轻飘，没有根。拳谚说："百练不如一站。"这也是强调桩功的重要性。还有"练拳不练功，到老一场空"的说法，这里的功，也包含着桩功。

桩功有定桩和活桩。定桩是很重要的基础。定桩就是保持静态稳定一段时间，目的是练习肢体的支撑力量。用现代科学术语，就是静力性练习。静力性练习能使肌纤维增粗，肌肉发达，肢体有力。举重运动员、体操运动员都要进行静力性练习，以增强肢体肌纤维的力量。太极拳要想增加稳定性，也必须进行静力性练习，增强下肢的力量，这样才能在套路练习时，做到下实上虚，饱满圆撑。我在训练高佳敏、陈思坦、林秋萍和彭荔丽等运动员时，尽管他们已经获得了各种冠军，但是，我还要进行各种形式的静力性桩功练习。桩功不仅对初级太极拳习练者是重要的练习内容，对中级、高级阶段的太极拳练习者也是重要的训练内容。

桩功分自然桩（两脚自然开立、膝关节微曲，重心落到脚下，身体自然放松）、浑圆桩（双腿半蹲，双手抱圆，掌心向里合，含胸拔背、沉肩坠肘，收腹敛臀，气沉丹田）、升降桩（像起势那样，下降、上升，各停几秒），其他还有开合桩、弓步桩、虚步桩、仆步桩、丁步桩、活步桩等等。我不主张练习死桩，像电影中那样，一个马步桩站一炷香的时间。我主张站活桩。站桩的时间不宜过长，一般不超过3分钟，站一会儿，休息一下，然后再进行练习，循序渐进，逐步增加练功的时间。连续长时间站桩，膝关节容易受伤，这种练习方法是不科学的。站桩要讲究科学，要定步、活步相结

193

合。比如行进间的弓步练习，就可以在形成弓步时停顿几秒，再做下面的动作，这就是活桩练习。还要明确站桩的目的，不是为了站桩而站桩，而是为了提高下肢的稳固性，要在站桩的过程中，把太极拳的基本姿势、基本要求掌握住。

另外，站桩前，一定要做好准备活动，特别要活动开胯、膝、踝三个关节，这样能防止受伤。

2. 做好动作与意气相结合

初学太极拳主要是掌握动作外形，到了一定阶段，就要和意气相结合。首先是意，在意念上要做到松和静——周身放松，排除杂念，意守丹田，专心练功。意守丹田，就能做到气沉丹田。气沉丹田，在呼吸上就是腹式深呼吸，这不仅有利于下盘稳固，还有利于健康长寿。拳谚说："意马心猿锁黄中，拿住丹田练内功。"就是说要排除杂念，意守丹田练功。气沉丹田能够加强下肢的稳定性，使脚下生根，不仅下盘稳固，上肢轻灵，还有利于发力。拳论讲："力发于脚，行于腿，主宰于腰，形于手指。"讲的就是发力时"脚下生根"的重要性。

在这个练习过程中，要注意做到"迈步如猫行"。迈步时先脚后跟着地，然后全脚掌着地，最后重心落实。我对此的总结是"由点到面，最后落实，即点—面—实"。这里有一个重要的环节就是两脚力量的传递过程中，重心从前腿到后腿，或从后腿到前腿的过渡，中间要有一个半马步。这个半马步的过渡，往往是练习者忽略的地方，这是太极拳内劲沉稳体现的一个地方，正因为有了这个半马步的过渡，劲力才能表现得沉稳而不飘。比如做掤、捋、挤、按动作时，无论是从虚步转为弓步，还是从弓步转为虚步，不能一下子就转过来，而是要有一个半马步过渡，这样动作的劲才能饱满圆撑，沉稳扎实，否则就是轻飘虚浮。做好这一点，也就能体现出太极拳下肢的稳定性。无论是弓步还是虚步，以及半马步过渡，都要意气下沉，使下肢稳定，有落地生根的感觉。

3. 做好双腿支撑平衡和单腿支撑平衡相结合

太极拳的稳定性问题，更多的是平衡问题。平衡有双腿支撑平衡和单腿支撑平衡，比如马步、弓步、虚步等双脚支撑时的稳定平衡，就是双腿支撑平衡，而金鸡独立、蹬脚、分脚、摆莲等单腿独立一般为单腿支撑平衡。做这种独立平衡动作，会出现站不稳、腿举不高、身体晃动等现象。因此，练习下肢的稳固，除了掌握双腿支撑的稳定平衡外，还要练习单腿支撑的稳定平衡。要提高单腿支撑的稳定性，就要提高下肢的协调性和柔韧性。练习下肢的柔韧性的方法有压腿、耗腿、搬腿、摆腿、踢腿、控腿。练习这几个步骤，提高了腿的柔韧性，才能做好单腿支撑时的平衡稳定。

再有，单腿支撑动作不仅是支撑腿和摆动腿之间的关系，还有两臂的配合问题。两臂要撑圆，固定住胸廓，如胸廓没有固定住，呼吸不稳定，身体也就不稳定。

第三，要托气。独立平衡和呼吸有很大关系，在单腿支撑时，要托气。所谓"托气"，就是吸气后，在腿提起来的一刹那微微屏住呼吸，这样有利于支撑腿的稳定平衡。

总之，练太极拳要做到下盘稳固、上肢轻灵，就要练好桩功，加强动作与意、气的配合，掌握好动作的平衡。

五、如何理解"运劲如抽丝"?

答:要辩证地理解"运劲如抽丝"。拳论说:"迈步如猫行,运劲如抽丝。"这两句话概括了太极拳的步法特点和劲力特点——迈步要像猫行走那样轻灵、稳健,运劲要像抽丝那样轻巧、细腻。什么叫"运劲如抽丝"?我认为就是要求练习太极拳时,动作要做到轻、顺、细、连。这里很重要的是轻。抽丝要求的动作劲力就是轻,如果重了,丝就断了。其次就是慢,要慢慢地抽,太快了,也容易断。

练习太极拳为什么要求"运劲如抽丝"?我认为这是太极拳的运动特点,跟太极拳的整个运动要求是分不开的。太极拳的动作柔和、缓慢、连贯,属于有氧运动。在缓慢的运动中,所谓的"运劲如抽丝",就是要求不仅有直线运动,还要有螺旋缠绕的旋转运动。这种螺旋缠绕的旋转运动,对锻炼人体的十二条经脉具有很好的作用,对五脏六腑能起到按摩作用,有利于舒筋活络。所以,"运劲如抽丝"的锻炼方式,与太极拳的健身养生功能是分不开的。

其次,从攻防的角度看,只有动作轻柔,才能灵活敏捷,才能锻炼出"听劲"的能力。所谓"听劲",是肢体的感觉,是用皮肤的触觉感触对方劲力的大小和方向。练习太极拳时,"运劲如抽丝"，动作轻灵，你才能感触到对方劲力的变化，进一步才能化劲、发劲，正所谓"能听才能化，能化才能发"。

因此，无论是从健身的角度，还是从自卫防身的角度来讲，都要"运劲如抽丝"，都要掌握"抽丝劲"。"抽丝劲"和另外一些劲力是对立的，也是要避免的——要避免刚猛的劲力，避免僵硬的劲力，还要避免断续、软塌的劲力。"抽丝劲"要轻中带沉，轻而不浮，不能刚，不能僵，不能断，不能软。"抽丝劲"的特点是轻、顺、细、连，要避免刚、僵、断、软。

在练习太极拳的过程中，如何做到"运劲如抽丝"呢？我认为要做到如下三点：

第一，要连绵不断，圆活连贯。太极拳的动作处处都是圆，都是走弧线，折叠往返都是圆的运动，不论是大圆、小圆、椭圆，都要体现出"连"和"圆"。动作与动作之间要连起来，不要间断，要做到相连不断，滔滔不绝，一气呵成。拳论说："势断劲不断，劲断意不断，意断神可接。"这是李天骥老师生前经常讲的话。我理解，这就是要求练拳要相连不断，一气呵成。同时要练好抽丝劲，要懂得螺旋、旋转。抽丝不是直的，要旋转着抽。不仅陈式太极拳讲究螺旋、折叠，其他的太极拳都是讲螺旋、折叠的，都有手臂的旋转、腰的旋转、腿的旋转，只不过是陈式太极拳更加突出一些。所以这个抽丝还包括着旋转和螺旋。要做到"运劲如抽丝"，就要连绵不断，圆活连贯，重点在"圆"和"连"上——只有动作圆润，才能表现出劲道的连绵，而劲道连绵则是为了更好地表现动作的圆润。

第二，要柔行气，刚落点。这个"抽丝劲"不是完全均匀的，而是包含着一定的节奏，虽然不像长拳的节奏那么突出，但是也不是平铺直叙的。太极拳的动作在运行过程中是柔和的，在劲力的落点处要微微地顿一下，然后顿而复连。这就是"柔行气，刚落点"。

李天骥老师讲:"太极拳既连绵,又要有节分。"节分,也就是节奏。太极拳要节节贯串,还要有节奏。在这里,还要注意整体力量。抽丝不是局部力量,而是整体力量,要"起于脚,发于腿,主宰于腰,形于手指",要用全身协调的力量来运劲、发劲,完整一气。

第三,要把轻灵与沉稳、顺遂与螺旋、细腻与发劲、连绵与顿挫相互协调,对立统一,统一在太极拳古典文化美之中。我认为,要避免对"运劲如抽丝"片面的理解。片面地理解"抽丝劲",就会形成疲软无力的现象。这就要求在"运劲如抽丝"中要有掤劲,任何动作都要有掤劲,从而在轻灵中不失沉稳。我在训练运动员时,要求他们既要注意动作的轻灵,还要注意动作的沉稳,把轻灵和沉稳高度地协调统一起来。另外,还要注意动作劲力在顺遂中要有旋转,细腻中要发劲,连绵中要有顿挫。所以,太极拳是哲学拳,充满着对立统一。太极拳劲力的对立统一,形成一个协调的整体劲力。

六、"引进落空"的理论和实践

答:"引进落空"的概念出自《打手歌》:"引进落空合即出,粘黏连随不丢顶。"

我们首先要理解什么是"引进落空"?

先谈"引进"二字。太极拳在技击上的特点是以圆破直,以柔克刚,化而后发。但是,假如对手一直不出招,我就要主动出招,引诱对手出击,然后"化而后发"。所以,这里的"引进"就是引诱、引导之意。而"落空"则是把对方的劲力引到空处，使对方落空，有破坏对方重心，使对方失去平衡的意思。从力学的角度分析，"引进落空"就是对方的劲力打来，我不让它打到我的重心，而是让劲力走我的圆弧动作的切线，从而化掉劲力，让对方落空。"引进落空"是化解对方的进攻，让对方的劲力落空，身体失去平衡。但是这还不是目的，最终目的是接下来的"合即出"——反攻对方，用整劲和合劲打击对方。"引进"是为了"落空"，"落空"是为了"合即出"。

然而"引进"是有风险的。如果对方的力量很大，速度很快，你来不及化解，就有可能被对方打倒。所以，这里面很重要的方面就是要知己知彼。知己知彼，才敢将对方引进来。因此，要摸清对方劲力的大小、方向和速度，才能准确地"引进落空"。

"引进落空"是太极拳在攻防上的技术特点。南拳在攻防上的特点是"以刚制刚"，长拳的特点是"以快制刚"，太极拳的特点是"以柔克刚"。要想做到"以柔克刚"，其重要的技术手段就是"引进落空"。为了以柔克刚，太极拳还要求"彼不动，己不动，彼微动，己先动"，要后发先至。要做到"引进落空合即出"，就要练习"听劲"的功夫。所谓"听劲"，是用皮肤触觉来感知对方的劲力变化，感受对方力量的大小、方向和速度。为了练习"听劲"功夫，就要做到"粘连黏随"——黏住对方，彼进我退，彼退我进，让对方脱不开，逃不掉，这就叫"不丢顶"。《打手歌》中还有一句话：

199

"任他巨力来打我，牵动四两拨千斤。"这里的"四两拨千斤"，主要在"牵动"，也就是牵动对方的重心，破坏对方的平衡。

那么，我们如何做到"引进落空"呢?

第一，平时练习套路时要带有敌情观念，也就是要有攻防意识。不要没有攻防意识地划弧做动作，那样只能是活动肢体。要在动作熟练的基础上，带上攻防意识练拳。比如做"搂膝拗步"动作，要有一手搂开对方进攻的腿，一手进攻对方的前胸的意识，所以，我们练习太极拳，要明白动作的技击用法。我认为，打太极拳要有两种意识：一个是攻防意识，一个是美的意识——艺术的美、韵味的美，要自我欣赏，自我陶醉，展现太极拳的美。练习太极拳只讲技击攻防，不讲美，就不能吸引众多的人来练习，也不能达到很好的健身目的，而只讲美，不讲技击攻防，就失去了太极拳的根本。总之，带着攻防意念来练习太极拳，就能形成良好的条件反射，能够为以后技击时的"引进落空"创造条件。

除了具备技击意识外，我们在练习套路时，还要做到"立身中正"。如果做不到"立身中正"，自己都站不稳，也就不能做到"引进落空"。太极拳是文化拳，充满了传统文化和精神。传统文化讲究做人要正派、公正，离不开一个"正"字。太极拳的首要原则也是"立身中正"——离不开一个"正"字。所以"立身中正"在精神层面上讲是要培养"一身正气"。

再有，练拳时要"以腰为轴"，"腰为主宰"，在身法上做到"虚实含展"，防止挺胸叠肚的现象。挺胸叠肚是不懂得太极拳在身法动作上的阴阳虚实变化，因此，也不可能为"引进落空"创造必要的身法条件。

第二，要进行推手练习。练习太极拳推手，要从单推手、双推手到四正手、大捋推手，一直过渡到散推。推手重要的是练"听劲"，在双方你来我往的进攻与化解当中体会"引进落空"、"以柔

"克刚"的技术技巧。这里的核心是走化,要做到"引进落空",就要会走化,要做到见力化力,化力借力,借力打力。要化被动为主动,破坏对方的平衡。初学推手,很容易犯的毛病就是"顶牛"。要认识到,推手并不是以胜负为目的,而是以研究攻防技击的技术为目的,往往是点到为止。通过推手练习,相互切磋,体会以巧取胜的太极拳技术特点。

练习推手要做到五个字:轻、松、柔、圆、顺。要在变化中造成我顺人背的态势。所以,太极拳体现了东方文化的特点,推手体现了以圆破直、化而后发、以柔克刚的太极拳攻防特点。

第三,要充分领会太极拳的活力、张力、包容力和亲和力。

所谓活力,是说太极拳不是僵硬、死板的,而是阴阳不断变化的,如行云流水,生机勃发。要理解太极拳变化中的活力,体会刚与柔、虚与实、快与慢等灵活变化的力。

所谓张力,就是太极拳的掤劲。掤劲,我认为是张力,是向外伸展、饱满圆撑、对拉拔长的力量。

所谓包容力,是说太极拳有包容精神,有海纳百川、虚怀若谷的劲力。练习太极拳时,通过太极拳动作的含展折叠,领会其中的包容力。太极拳练好了,在做人方面也应该是能海纳百川,虚怀若谷。

所谓亲和力,是内外相合、形神相容的力量。

练习太极拳,领会好太极拳这四种力,对太极拳的

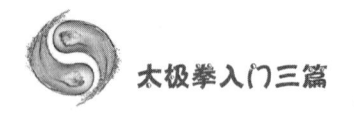

理解就高了一个层次,这样对领会太极拳的"引进落空"也创造了一个很好的条件。

总之,太极拳的《打手歌》和《太极拳论》是姐妹篇。《打手歌》是《太极拳论》的具体化,也是《大极拳论》的本质要求。《大极拳论》则是《打手歌》的理论化和系统化。《打手歌》是太极拳付诸实践的体验,《太极拳论》则是将《打手歌》的实践加以总结、概括和升华。这两者的关系是非常密切的。《太极拳论》是从总体上、全局上领会太极拳,而《打手歌》则是在实战上体现太极拳的内涵。

七、如何把握太极拳手和腰的关系?

答:太极拳的腰是一个广泛的概念,不仅仅指腰部,还包括髋关节,一般称为腰胯;另外,还应该包括胸、背等部位,这样太极拳手与腰的关系,实际就是手与身的关系,也就是武术讲的手、眼、身法、步之间的关系。对此,老一辈武术家总结得非常精辟:"其根在脚,发于腿,主宰于腰,形于手指。"还有"由脚而腿而腰,总须完整一气"。这些话,高度概括了太极拳手与身体之间的关系。

腰部,上边与两臂相系,下边与两腿相随。所以,腰是车轴,是轴心,因此练习太极拳要"主宰于腰"。腰是

枢纽、中枢、纽带，腰的运动带动着手和腿运动。这就是手和腰的关系。

练习太极拳如何做到手和腰的紧密相连呢？

第一，要刻刻留心在腰。拳论讲："命意源头在腰隙。"这里的意思是讲，腰是源头。因此，腰首先要松，要松腰松胯，收腹敛臀。现在许多打太极拳的人不重视腰的作用，只是两只手在运行划圈，这就大大地影响了太极拳的健身功效。我们的五脏六腑都在躯干部位，腰腹的旋转折叠，能够加强内脏器官的运动，这样有益健康。比如做"单鞭"这个式子，很多人的做法是右掌推出去，然后出左腿，没有注意到右掌推出后，变勾手的同时先是向左的转腰沉胯，呈丁字步，然后再划弧出腿，完成弓步单鞭。再如做"云手"，很多人只是手划圈，身子不动。如何改掉这些错误呢？这就要求我们在运动时，手要被动一些，腰要主动一些，以腰胯来带动手的运行。拳论说："先在心，后在身。"就是先要有意念，用意念带动肢体的运转。也就是说，我们在练拳时，处处都要注意腰胯先动，意念要先贯注到腰部，然后带动四肢。任何动作，都是腰先微微动，然后四肢跟着动。

第二，要注意转腰沉胯，虚实含展。我们常看到，有的人练拳时，腰也动了，但是动作为什么看着还是很呆板僵硬？其中一个重要的原因就是没有注意到胸腹的含展，或者说只是腰动，没有注意到沉胯。比如24式太极拳的"白鹤亮翅"接"搂膝拗步"，要先微微向左，然后向右转腰，重心转到右腿，再出左脚，形成左弓步，同时左手搂膝，右手前推，沉胯展胸。这里胸腹的微微含展和转腰沉胯是非常重要的，要体现出"欲左先右、欲右先左"的折叠。因此，我们练习太极拳，除了要注意腰的带动作用外，还要注意胸腹的虚实含展和转腰沉胯。

第三，手虽然是被动的，但不是完全被动，还要注意梢节领

劲，就是手要有引领作用。所谓引领，就是手臂要有放长和伸展的意思，即手臂要向远处伸展，但是手臂又不能完全挺直，这样才能体现出太极拳的掤劲和张力。很多初学的练习者手臂不是很僵硬地划圈，就是软塌塌地比划，手是完全被动的，软塌无力。太极拳应该是松而不懈，柔而不软，刚而不僵。做到这一点，要在以腰为轴的基础上，注意梢节领劲。梢节领劲开始是大圈，然后是中圈，再后是小圈，最后达到没有圈的境界。这也就是拳论讲的"先求开展，后求紧凑"。

拳谚中有"腰催肩，肩催肘，肘催手"之语，在这里，"空肩"要领也很重要，两膀松，力由脊发，与梢节领劲协调一致。

第四，要与步法结合起来练习，做到手、眼、身、步的协调完整。练习太极拳，腰不仅带动手臂运行，也带动腿和脚的运动。腰是中轴和枢纽，带动着上下肢的运动。这就需要脚、手与腰身的协调配合。如何配合好呢？就是要做到一动百动，一定百定。不能手先到，等着脚步再到；也不能脚的动作完成了，手的动作还没有完成。这也就是拳论中讲的"一动无有不动，一静无有不静"。

太极拳有"不动手"的说法，还有"出手不见手，见手不能走"等说法。我认为这是指化劲，是在技击中手被控制住了，要用腰身的旋转螺旋来化解，然后攻击对方。所以，"不见手""不动手"，就是不要把注意力放在手上，要注重腰身的运动。这是一种高级的化劲。这要通过推手练习、散手练习，提高触觉的灵敏性，逐渐才能达到。

总之，练习太极拳要做到手、眼、身、步的协调一致，要在意念的指挥下，腰为中轴，手脚协调配合，节节贯串，一动全身都动，一静全身都静，气血贯通。这样才能起到健身、修身、防身、防病的作用。

八、"音乐和太极拳"有关系吗?

答：音乐是人类的第二食粮，我认为练习太极拳是可以配乐的，而且配乐是很好的。太极拳配乐，在实践中大家也都认可，乐于接受。

首先我讲讲音乐的作用。高尔基说过："音乐是人类的二食粮。"音乐也是人类共同的语言。我们练习太极拳时，配上柔美悦耳的乐曲，不仅仅能够提高节奏感，而且能给人一种艺术享受，能够陶冶情操，还能激发人们积极向上的情绪。我总结的"十大养生方法"中，其中有一条是"休闲养生"，而"音乐养生"是休闲养生的重要内容。音乐的旋律有助于心脏功能的康复，这是由于组成八度音的十二个乐音，与我们人体的十二个系统有着有机的协调一致。音乐还可以通过大脑影响到内分泌的功能。日本东京有一家心脏研究所在冠心病监护病房中，就把音乐作为常规的辅助疗法。接受这种疗法的病人当中，百分之八十五的人心律下降，血压降低。这些都与音乐影响到内分泌的功能有关。另外，俄罗斯前总统叶利钦在心脏手术的第三天，就请求在病房中播放他最喜欢的音乐，医生满足了他的要求，而实践也证明，音乐对他的病体康复有着明显的效果。

其次，我认为太极拳配乐，本身也是与时俱进的产物。太极拳刚刚出现的时候，应该是没有配乐的，因为那时的太极拳主要是用

于技击防身。太极拳作为武术的一种，在冷兵器时代，其主要目的是技击，健身功能则是次要的。新中国成立后，武术，包括太极拳，成为一种体育项目，其主要目的就是强身健身。所以，现在的太极拳不仅具有健身防身的功能，还有乐身的功能——就是娱乐的功能、休闲的功能。太极拳配乐，是随着时代的发展进步，随着其健身、乐身功能的增强而发展起来的。配上音乐，能够加强太极拳的健身、乐身功能，这是和时代的发展相适应的。另外，太极拳的比赛和表演都是给别人看的，是一种表演艺术，配乐能增强太极拳的艺术表现力。人们在观看太极拳表演、比赛时，不仅有视觉的享受，还有听觉的享受。所以，太极拳配乐是适应时代的发展要求的，是适应人们的健身、娱乐、表演、比赛的需求的。不仅东方人能够接受太极拳配乐，西方人也能够接受。我多次到美国和加拿大讲学，那里的太极拳练习者也都习惯听着音乐打太极拳。另外，在集体演练时，音乐还能起到整齐划一的作用。我问过一些学生，他们都希望打太极拳时听音乐，特别是集体演练太极拳时，更应该配乐。理论和实践都证明，太极拳配乐是很有必要的，太极拳的韵律和音乐的结合，使太极拳和音乐的魅力相得益彰。

最后，我谈谈太极拳拳配乐的注意事项。

第一，音乐的选择很重要。要选择柔和、缓慢、优美动听的乐曲。如果选择激烈、快速的乐曲，不仅与太极拳的风格不匹配，而且也不利于太极拳的表现和演练。太极拳的配乐不能与太极拳"动中求静"的特点背道而驰，一定要与太极拳动中求静的风格相一致，音乐的节奏和太极拳的动作要尽可能合拍。这样能使音乐和太极拳动作交相辉映。

第二，音质和音色都要好，音量要适中。如果音量太大，则会干扰太极拳练习者的演练。

第三，配乐时最好有前奏，前奏要有 10 秒左右，这样有利于

演练者调整心态和呼吸，使注意力集中到太极拳的演练上来。前奏太短或太长都不太好，因此，太极拳的配乐不是拿来现成的音乐配上就可以了，一定要经过改编，使之适合太极拳运动的内容。

现在有许多太极拳的配乐都很好，比如最为普遍的24式太极拳的配乐就很好，还有一些专业运动员比赛中的配乐，都是根据太极拳动作而编排的。比如福建队周斌的太极拳配乐，还有我以前的运动员高佳敏、陈思坦等太极拳的配乐，都比较好地烘托出太极拳的演练效果。

最后，我要讲一下，太极拳配乐特别适合集体练习，个人表演、练习也可以配乐。有些人在自己练功的时候可能不喜欢有音乐相伴，喜欢一个人安静地练习，这也是可以的。自己练功时，没有音乐的干扰，能够更好地入静，更好地凝神静气。所以，练习太极拳是否配乐，要因人而异，不能强求一律。

九、如何做到"动中有静，静中有动"？

答：心静体松是练好太极拳的基础。关于太极拳的动静问题，我想谈以下几点。

首先，"动中求静"是太极拳的运动特点所决定的。太极拳动

作缓慢、柔和、圆活才有可能做到"动中求静",其他剧烈、快速的运动方式是很难做到"动中求静"的。所以太极拳"动中求静"的要求是和其运动特点相适应的。

其次,太极拳之所以具有很好的健身效果,就是由它的"动中有静,静中有动"的运动特点所决定的。现代科学证明,缓慢、柔和、圆活、安静、舒缓的运动,也就是"动中求静"的运动方式,对健康长寿具有很好的作用。传统医学认为,养生最重要的是养心。所谓养心,就是"动中求静",求得安静、怡然的心态。另外,还要"静中有动",动静结合。这样才有利于身心的健康。

第三,"动中求静"是太极拳的基本要求。练习太极拳要求心静、体松,这个静是指"思想集中,排除杂念,精神贯注,专心打拳"。做到这十六个字,就达到了太极拳心静的要求。有人打拳,杂念丛生,有的人打拳时和别人聊天,这样就难以做到心静,也就影响到锻炼的效果。

在做到心静的同时,练习太极拳还要做到体松,身体放松和内心安静是相辅相成的关系。身体放松了,心情才能安静,心安静放松了,身体才能放松。如何做到体松?我认为要做到"排除紧张,自然舒松,消除拙力,轻缓柔和"这十六个字。

只有做到了心静、体松,才能为掌握太极拳的其他要领打下基础。心静体松,是练习太极拳最基本的要求。在这个基础上,才能

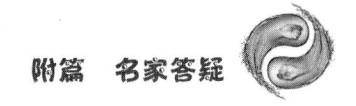

做到"动中求静""虽动犹静"。

第四，如何求静？静，不单单指动作上的静，还指意识上的静，就是在大脑安静的条件下，意识指挥你的动作运行。大脑意识上的放松、安静，是最积极的休息方式。比如，通过改变运动方式，能够使大脑的运动中枢得到休息，看书疲劳了，通过打太极拳等运动，能够使大脑皮质得到积极性的休息。

心静的目的是为了更好地用意。太极拳是意念运动，要用意识来引导动作，所以心静是非常重要的。关于用意，在练习太极拳的不同阶段，其用意要有不同的侧重点。初学阶段，意念的重点应该在记忆动作路线、规范动作技术和身法要领。中级阶段，要注重在动作技击用法上和劲力的运用上用意。第三阶段，要注重神、意的练习，比如如何做到眼领手随、手领眼随等，要表现出太极拳的神韵。在不同的阶段，练习太极拳的意念不同，对静的要求也是不同的。最后，练习太极拳要达到拳论中说的"神为主帅，身为驱使"的高级阶段，这时，"动就是静，静就是动"，"动中有静，静中有动"。

后　记

　　拙作《太极拳入门三篇》即将问世，我们感到十分高兴。为了这本书，许多领导、朋友和弟子都给予了极大的关心和支持，在这里特表衷心的感谢。

　　首先，福建省体育局局长、中国武术协会副会主席徐正国百忙之中为拙作作序，给了我们许多鼓励和肯定，使我们深受鼓舞。中国武术七段、武术高级讲师卫香莲为该书默默无闻地做了大量的工作；曾老师的好友，摄影师祁如璋多次为该书拍摄、选编动作照，下了细致的工夫。还有，曾老师的弟子郑成伟和朋友赵玉梅经常利用下班时间，甚至晚上加班为该书进行文字修饰与选编照片，付出了辛劳。我的入室弟子、华武功夫中心培训部部长、福建省社会武术高级教练员、首届全国武术运动会42式太极剑金牌获利者江云，华武功夫中心高级教练员孙晋华、潘秀华，福建省社会武术和华武功夫中心准高级教练员陈日东，以及泰国国家武术队教练员庞伟，都在随书配套DVD里做了很好的示范。日本隆华株式会社董事曾卫斌也对本书做了很好的工作。在此一并致以由衷的谢意。

　　由于水平有限及时间仓促，书中定有不当之处，敬请专家和广大读者批评、指正。

作者
2014年3月于福州

图书在版编目(CIP)数据

太极拳入门三篇：识拳·练拳·用拳 / 曾乃梁，曾卫红著. -北京：人民体育出版社，2014（2018.11.重印）
ISBN 978-7-5009-4699-1

Ⅰ.①太… Ⅱ.①曾… ②曾… Ⅲ.①太极拳-基本知识 Ⅳ.①G852.11

中国版本图书馆 CIP 数据核字(2014)第 191435 号

*

人民体育出版社出版发行
三河兴达印务有限公司印刷
新 华 书 店 经 销

*

880×1230　32 开本　7.25 印张　160 千字
2014 年 10 月第 1 版　2018 年 11 月第 3 次印刷
印数：9,001—12,000 册

*

ISBN 978-7-5009-4699-1
定价：25.00 元

社址：北京市东城区体育馆路 8 号（天坛公园东门）
电话：67151482（发行部）　　　邮编：100061
传真：67151483　　　　　　　　邮购：67118491
网址：www.sportspublish.cn

（购买本社图书，如遇有缺损页可与邮购部联系）